COLEÇÃO SIMPÓSIOS IJUSP
VOLUME IV

REFLEXÕES SOBRE A CLÍNICA JUNGUIANA NA CONTEMPORANEIDADE

Irene Gaeta
Paula Perrone
(org.)

Editora Appris Ltda.
1.ª Edição - Copyright© 2024 dos autores
Direitos de Edição Reservados à Editora Appris Ltda.

Nenhuma parte desta obra poderá ser utilizada indevidamente, sem estar de acordo com a Lei nº 9.610/98. Se incorreções forem encontradas, serão de exclusiva responsabilidade de seus organizadores. Foi realizado o Depósito Legal na Fundação Biblioteca Nacional, de acordo com as Leis nos 10.994, de 14/12/2004, e 12.192, de 14/01/2010.

Catalogação na Fonte
Elaborado por: Dayanne Leal Souza
Bibliotecária CRB 9/2162

R281r   Reflexões sobre a clínica junguiana na contemporaneidade: coleção simpósios
2024   IJUSP – volume IV / Irene Gaeta e Paula Perrone (orgs.). – 1. ed. – Curitiba:
             Appris, 2024.
                161 p. : il. color. ; 21 cm. (Coleção PSI).

             Vários autores.
             Inclui referências.
             ISBN 978-65-250-6212-9

             1. Carl Gustav Jung. 2. Psicologia analítica. 3. Prática da clínica junguiana.
             I. Gaeta, Irene. II. Perrone, Paula. III. Título. IV. Série.
                                                                        CDD – 150.7

Livro de acordo com a normalização técnica da ABNT

Appris
editora

Editora e Livraria Appris Ltda.
Av. Manoel Ribas, 2265 – Mercês
Curitiba/PR – CEP: 80810-002
Tel. (41) 3156 - 4731
www.editoraappris.com.br

Printed in Brazil
Impresso no Brasil

COLEÇÃO SIMPÓSIOS IJUSP
VOLUME IV

REFLEXÕES SOBRE A CLÍNICA JUNGUIANA NA CONTEMPORANEIDADE

Irene Gaeta
Paula Perrone
(org.)

Appris editora

Curitiba, PR
2024

FICHA TÉCNICA

EDITORIAL	Augusto Coelho
	Sara C. de Andrade Coelho
COMITÊ EDITORIAL	Ana El Achkar (UNIVERSO/RJ)
	Andréa Barbosa Gouveia (UFPR)
	Conrado Moreira Mendes (PUC-MG)
	Eliete Correia dos Santos (UEPB)
	Fabiano Santos (UERJ/IESP)
	Francinete Fernandes de Sousa (UEPB)
	Francisco Carlos Duarte (PUCPR)
	Francisco de Assis (Fiam-Faam, SP, Brasil)
	Jacques de Lima Ferreira (UP)
	Juliana Reichert Assunção Tonelli (UEL)
	Maria Aparecida Barbosa (USP)
	Maria Helena Zamora (PUC-Rio)
	Maria Margarida de Andrade (Umack)
	Marilda Aparecida Behrens (PUCPR)
	Marli Caetano
	Roque Ismael da Costa Güllich (UFFS)
	Toni Reis (UFPR)
	Valdomiro de Oliveira (UFPR)
	Valério Brusamolin (IFPR)
SUPERVISOR DA PRODUÇÃO	Renata Cristina Lopes Miccelli
PRODUÇÃO EDITORIAL	Daniela Nazario
REVISÃO	Monalisa Morais Gobetti
DIAGRAMAÇÃO	Amélia Lopes
CAPA	Walter Ono
REVISÃO DE PROVA	Gabriel Fernandez

PREFÁCIO

Ao apresentar este volume, é com grande satisfação que compartilhamos as experiências e reflexões advindas do XIV Simpósio do IJUSP (Instituto Junguiano de São Paulo), realizado em 30 de setembro de 2023 no amplo auditório da nova sede do instituto.

O tema central, "Reflexões sobre a Clínica Junguiana na Contemporaneidade", revela-se como um convite à análise profunda das *nuances* que permeiam a prática clínica junguiana. Assim, oferece uma compilação de perspectivas que ecoam algumas das demandas e desafios do cenário atual.

O IJUSP é um dos institutos associados à Associação Junguiana do Brasil (AJB), fundada em 1991 e filiada à *International Association for Analytical Psychology* (IAAP), com sede em Zurique. A IAAP congrega as 72 associações junguianas de todos os continentes, atualmente com mais de 3.500 analistas. Vale destacar que, recentemente, o português, com o russo e o chinês, passou a fazer parte das línguas oficiais da IAAP.

Pela observação atenta, percebemos que a dinâmica da psicologia analítica de C. G. Jung, originada no alvorecer do século XX e desenvolvida por seis décadas por Jung e seus seguidores, adquiriu uma significativa importância que transcende sua origem. Isso se deve à consistência e à inovação presentes nos fundamentos delineados por Jung ao longo de sua extensa obra psicológica. Além disso, a crescente geração de frutos, impulsionada pelos continuadores do legado junguiano, dotados desse rico instrumental, demonstra sua expressiva relevância na abordagem dos novos desafios que a alma humana enfrenta.

O cenário pandêmico, que recentemente se disseminou pelo mundo, é um dos símbolos mais contundentes das condições que o ser humano pode vir a enfrentar durante seu processo de individuação.

Quanto mais a alma humana se consolida nesse trânsito de ampliar consciência e voltar intermitentemente à sua origem inconsciente, à matriz, novos e mais poderosos conteúdos lhe são apresentados.

É com essas ofertas dos tempos de hoje, dos tempos da contemporaneidade, que iremos nos deparar nos textos a seguir, como reflexões e substrato ao nosso trabalho clínico.

Depois do hiato provocado pela pandemia, o IJUSP retoma presencialmente, nessa oportunidade, seus simpósios anuais, ficando aqui, à disposição de todos, o registro material das palestras desse décimo quarto simpósio.

Que este livro sirva como uma ferramenta valiosa para aprofundar a compreensão da clínica junguiana, inspirando aqueles que buscam explorar as complexidades da psique humana na contemporaneidade.

Boa leitura a todos.

Dezembro de 2023
Candido Pinto Vallada
Membro analista fundador da AJB e do IJUSP

SUMÁRIO

Prefácio 5
Candido Pinto Vallada

Prólogo
Reflexões contemporâneas à luz da
psicologia analítica 9
Renata Whitaker

Introdução...23
Paula Perrone

1
Considerações clínicas ao Comentário psicológico
de Jung sobre o livro tibetano da grande liberação
ou o método de alcançar o nirvana pelo
conhecimento da mente 31
Núcleo de Estudos em Religião e Espiritualidade

2
Os conflitos da paternidade na contemporaneidade............ 51
Durval Luís de Faria

3
Dança flamenca: oportunidade de conexão e
expressão da alma 61
Cristiane Adamo

4
Quando o infinito de possibilidades nos toma de assalto: a
angústia como enraizamento da alma 81
Carmen Livia Parise

5
O *Livro Vermelho:* contribuições para o trabalho clínico do analista junguiano 91
Denis Canal Mendes

6
Da clínica como lugar para o lugar do olhar: uma leitura arquetípica e paradigmática da história da psicologia 103
Paola Vergueiro

7
Masculinidades em movimento: poesia e transformação 127
Raul Alves Barreto Lima

8
O efeito do pai ausente 143
Susan E. Schwartz
Tradução de Daniel Yago

Sobre os autores 157

PRÓLOGO

Reflexões contemporâneas à luz da psicologia analítica

O presente livro é uma compilação dos textos apresentados no Simpósio do Instituto Junguiano de São Paulo, realizado no dia 30 de setembro de 2023 com o tema: "Reflexões sobre a Clínica Junguiana na Contemporaneidade". Este evento foi presencial e concebido com muito carinho, como um encontro de atualização, diálogo e troca com os profissionais e estudiosos da psicologia analítica. Nosso objetivo nesse simpósio foi de ampliar nossa compreensão, explorar novas perspectivas, refletir e aprimorar abordagens terapêuticas em resposta aos desafios da clínica da psicologia profunda nos tempos atuais.

Além disso, estávamos entusiasmados para inaugurar o auditório da nova sede do IJUSP. Nosso desejo era que esse simpósio promovesse um ambiente de encontros pautados numa horizontalidade fraterna, com apresentações de 20 minutos seguidas por 10 minutos de discussão, troca de ideias e compartilhamento.

Na abertura do simpósio, foi relatada brevemente a história do Instituto Junguiano de São Paulo, que teve suas raízes informalmente plantadas em 1991, quando um grupo de analistas associados à IAAP decidiu unir forças e estabelecer uma nova sociedade junguiana. Em 11 de novembro fundaram a AJB, com o objetivo de unir analistas brasileiros dispersos por todo o país e criar institutos regionais. Em 2 de janeiro de 1994, o IJUSP foi oficialmente reconhecido por meio dos esforços de Glauco Ulson, Cândido P. Vallada e Priscila M. C. Caviglia. Passamos por uma longa jornada, e hoje, se considerarmos desde o início, o Instituto conta com mais de 30 anos de experiência e permanece forte e próspero.

Superamos anos difíceis, enfrentamos os desafios da pandemia, mas demonstramos resiliência e continuidade em nossa jornada. No ano de 2023, alcançamos um novo marco ao concretizarmos a compra da sede do Instituto. Hoje, somos uma comunidade de pessoas unidas por um propósito comum: estudar e aprofundar a psicologia analítica. Somos uma associação de indivíduos empenhados em enriquecer a vida interior de todos que buscam nossos serviços profissionais.

O que oferecemos aqui no Instituto é uma oportunidade de enriquecimento, de abastecer cada pessoa do nosso grupo com conhecimento, valores, autoestima, senso de pertencimento, conexões e experiências significativas. Buscamos nutrir tanto os aspectos exteriores quanto os interiores de nossos corações, comprometendo-nos com a excelência em nossa prática profissional.

Conforme nos aprofundamos na psicologia analítica, compreendemos que ela representa uma abordagem única para a nossa existência no mundo. Ela molda a maneira como executamos nosso trabalho, mas é mais do que isso, a nossa visão da vida e como a conduzimos e nos relacionamos, sempre levando em consideração o vasto universo simbólico que nos orienta. Este universo é composto por uma complexa teia de afetos, experiências passadas, crenças, conceitos, histórias, símbolos e imagens.

É no enigma dessa teia que reside o segredo que mantém nossa missão como analistas e nossa conexão com a instituição acima dos conflitos do dia a dia. Nesse contexto, nosso trabalho assume um caráter sagrado.

A formação de analista do IJUSP vai muito além de complementar os estudos de psicologia, o conhecimento técnico ou a especialização profissional. O Instituto propõe-se a resgatar o verdadeiro significado da palavra "formação": cultivar a essência, aquilo que é intrínseco à condição humana e à construção de nossa própria identidade. O conhecimento é importante, mas o que sentimos como essencial é baseado na forma como cada um aplica esse conhecimento e o experiencia em sua própria vida.

Nossa perspectiva clínica nasce da convicção de que as doenças contemporâneas resultam, em grande parte, do afastamento das raízes essenciais e fundamentais do ser humano, do desvio de seu verdadeiro caminho e da dispersão ao longo da jornada.

Em nossa formação encontramos inspiração em Jung, que sempre enfatizou o respeito pelo que é universalmente humano. Tornar-se membro do Instituto Junguiano de São Paulo não é apenas uma questão de pertencimento ou comunhão de interesses e buscas. Essa convivência transcende o momento presente e nos conecta à história do Instituto, lembrando-nos de que a esperança reside na memória e na gratidão. É uma lembrança sustentada pelo coletivo, e assim, em comunidade, podemos explorar os aspectos mais profundos e autênticos de cada um de nós. Nesse percurso, reconhecendo a importância da singularidade de cada ser humano, buscamos harmonizar o aspecto individual com o comunitário, que carrega experiências e questões tanto únicas quanto compartilhadas ao longo das gerações.

Uma imagem profundamente significativa que pode ser usada como alicerce para nossa conversa sobre a contemporaneidade e a interconexão entre o aspecto individual e comunitário é a da "Teia de Indra". Nas culturas hindu e budista, a Teia de Indra é descrita como uma vasta rede de fios que se estende pelo espaço em todas as direções. Em cada interseção desses fios há uma joia multifacetada que reflete completamente todas as outras e revela a rede como um todo. Essa reflexão não se limita apenas às manifestações materiais, mas também abrange as ideias. Cada joia está, de modo próprio, conectada a outra, ilustrando a interligação que permeia tudo e todos. Qualquer alteração em uma dessas joias reverbera por toda a rede, transcendendo o tempo e o espaço. Através dos fios invisíveis da Teia de Indra, estamos todos entrelaçados uns aos outros.

Em algumas culturas africanas, encontramos a palavra *"Ubuntu"*, que descreve um tipo de relacionamento entre as pessoas. *Ubuntu* significa "Eu sou porque você é" ou "Uma pessoa 'se torna quem é' por meio das outras pessoas". Quando alguém integra *Ubuntu*, reconhece a nossa humanidade compartilhada, a fraternidade.

Tanto a Teia de Indra quanto o conceito de *"Ubuntu"* nos ensinam que todos nós estamos profundamente interconectados. Ao reconhecer e honrar a humanidade nos outros, tornamo-nos mais plenamente humanos. Não podemos olhar para nós mesmos, sem ver o reflexo dos outros em nós. Estes dois exemplos nos remetem à importância de cuidarmos de nós mesmos e como fazermos isso e desenvolver também a nossa comunidade.

Estamos imersos em uma rede emaranhada, labiríntica, que desempenha um papel fundamental na evolução e desenvolvimento da humanidade. Essa rede está em constante expansão, à medida que mais conexões são estabelecidas, tornando os fios mais densos e os entrelaçamentos mais complexos. Cada modificação em um de seus componentes afeta imediatamente todos os outros.

Segundo Norbert Elias (1994), em sua abordagem na sociologia histórica, a construção pessoal não ocorre isoladamente, mas está intrinsecamente ligada aos preceitos e às normas sociais da época. Essa rede de relações na formação do indivíduo é visível e interligada com as outras pessoas, uma vez que influenciamos e somos influenciados por elas. Tais teias de interdependência originam vários tipos de configurações que podem se modificar: família, educação, religião, associações, lazer, político, aldeia, cidade, estado, nações.

Frequentemente, tendemos a enxergar o presente de forma negativa e idealizamos o passado como uma época de pureza perdida. No entanto, cada período histórico é marcado por suas próprias complexidades. A sociedade é como um organismo vivo em constante adaptação e evolução, exigindo que acompanhemos essas mudanças para não ficarmos obsoletos.

A ausência de perspectiva é uma realidade triste, muitas vezes resultante de uma visão puramente materialista da existência, que insinua que somos meramente constituídos por átomos e moléculas, e que qualquer experiência de natureza espiritual pode ser reduzida a reações químicas. Isso nos leva a questionar o verdadeiro propósito da vida. Quando considerarmos a vida como algo que termina com a morte do corpo, é fácil nos sentirmos desorientados e perdidos, sem clareza sobre nossa verdadeira essência. Questões fundamentais da filosofia, como "Quem sou eu?", "Para onde vou?" e "Qual é o meu propósito?", emergem, e é a partir dessa perspectiva espiritual que Jung nos oferece a oportunidade de explorar os arquétipos em busca de respostas.

Quando nos sentimos perdidos, buscar qual imagem arquetípica está atuando na situação contribui muito para nos localizar e intuirmos as possibilidades de desenvolvimento. São os sinais que podem nos orientar pelo caminho. Para aqueles que têm acompanhado ao longo da última década o desenvolvimento das influências inconscientes no espírito da época e a crise atual em nossa cultura, fica claro que essas mesmas imagens arquetípicas estão exercendo um impacto crescente sobre um público mais amplo.

Quando perdemos o significado da vida e nosso antigo modo de pensar já não serve mais, é essencial recorrer aos arquétipos, mitos, sonhos e às metáforas que podem ampliar nossa consciência e revelar conhecimentos ocultos. Nesse contexto, a experiência passa a ter mais importância do que o mero conhecimento intelectual, e isso se aplica não apenas às questões pessoais, mas também aos eventos que ocorrem ao nosso redor.

Na jornada rumo à descoberta de nossa própria identidade, frequentemente embarcamos no valioso processo de introspecção interior, um caminho profundamente pessoal e intransferível. O ser humano ainda não se conhece e nem se compreende inteiramente, muitas vezes se concentrando apenas em metas e objetos exteriores, como a busca por riqueza material ou status social elevado, sem estar devidamente preparado para enfrentar os desafios da vida. Possuímos recursos interiores notáveis que ainda estão em estágios iniciais de exploração.

Jung deixa-nos um exemplo inspirador ao compartilhar suas vivências e diálogos com personalidades interiores, como vemos no seu *Livro Vermelho*. Através de suas experiências, ele demonstra-nos que cada um de nós abriga recursos internos extraordinários e que somente ao explorá-los seremos capazes de assumir o controle de nossas próprias vidas, navegando com confiança em direção ao nosso destino.

Para Jung o inconsciente é a fonte inesgotável para a consciência, e os pensamentos e imagens emanam de nossa intuição, expandindo nossa compreensão em direção à totalidade do Ser. A interação dialética entre a consciência e o inconsciente desempenha um papel crucial em nossa jornada interior.

Os princípios que emergem em nossa consciência são moldados pelos arquétipos, que representam diversas facetas da experiência humana. Como seres humanos, temos a responsabilidade heroica, mística e ética de dar sentido tanto à nossa própria jornada individual quanto à nossa contribuição para a comunidade.

Enquanto a vida em comunidade nos amplia em termos de alcance, a busca interior por autoconhecimento nos leva a maiores alturas e profundidades. A primeira proporciona calor, enquanto a segunda traz luz. O eu do ser humano age como o mediador que integra as imagens provenientes do inconsciente na consciência, moldando assim o seu próprio mundo e atribuindo significado à vida.

Todas essas reflexões nos levam a uma compreensão paradoxal da condição humana, que é cuidadosamente explorada em nossa formação clínica. Nesse processo, praticamos a empatia, o amor e a presença plena do analista como guia. Na formação do Instituto, os seminários são mais do que a exposição de conteúdo teórico. São como sementes trazidas por analistas experientes na clínica junguiana, e o espaço que compartilhamos é de troca, reflexão e profundo comprometimento e devoção, semelhante ao ambiente sagrado que um terapeuta deve oferecer ao seu paciente.

Quando mencionamos a palavra "sagrado", não estamos nos referindo a um sentimento religioso, mas a uma sensação de encantamento, respeito profundo, curiosidade e transformação pessoal. Isso se assemelha à experiência do paciente em análise, quando vivencia algo sagrado como um elemento de transformação e alegria.

Os seminários seguem um programa meticulosamente organizado e são adaptados de acordo com as necessidades dos participantes. Eles proporcionam um espaço aberto para contribuições, questionamentos, compartilhamento de histórias, associações e exemplos de casos clínicos integrando-os à teoria que está sendo vista. É um ambiente que nos permite vivenciar uma troca enriquecedora e de ampliação de novas possibilidades para os participantes, permitindo o desenvolvimento autêntico de suas potencialidades individuais. É um caminho reflexivo e de descobertas. Ao longo dos quatro anos, nos encontros da formação, desenvolve-se um aprofundamento e uma maior intimidade no grupo, o que também promove o aprendizado por meio da observação atenta, da escuta empática e do apoio mútuo.

A formação é uma experiência de apoio e contenção, na qual o analista didata e o grupo de candidatos iluminam a dimensão ampla e essencial de cada participante, dando oportunidade a todos de se colocarem, expressarem suas percepções sobre o tema que está sendo abordado e assim vai se revelando a natureza do ser, da existência e da própria realidade, incluindo a psique, numa troca afetiva e construtiva. É como chegar em casa, um lugar de vitalidade, repouso, ampliação de reflexões e conexões que nos permitem estar mais presentes no nosso corpo, mental e emocional, portanto, em nossa vida cotidiana e, consequentemente, com as pessoas que buscam nosso auxílio em nossa prática clínica.

A aquisição de uma sede para o Instituto simboliza um espaço onde podemos reconectar a nossa memória por meio de encontros concretos. Enquanto os conceitos permanecem abstratos quando apenas expressos em palavras, a psique desenvolve-se através da imaginação e da experiência de encontros físicos genuínos também.

Um local, uma sede, torna-se um ponto de referência que oferece uma sensação de solidez e estabilidade, auxiliando-nos na recuperação do nosso caminho após a pandemia. Ela representa a concretude e a possibilidade de viver experiências, em meio a um mundo cada vez mais virtual. A necessidade de um espaço físico foi unanimemente sentida pelos membros, o que ficou evidente quando fizemos a votação para efetivar a aquisição.

Durante os anos de pandemia, percebemos que os atendimentos virtuais têm sua eficácia; no entanto, é fundamental lembrar que a psique também encontra seu lugar e seu lar no corpo e no mundo físico. Quando possível, a presença física contribui para revelar e acrescentar inúmeros aspectos à compreensão da história de vida de uma pessoa e seu estado atual. Em algumas ocasiões, deparamo-nos com indivíduos que se sentem desconectados de seus corpos e precisam encontrar seu sentido de pertencimento.

Na agitada vida da atualidade, o corpo frequentemente anseia e necessita ter e ser um refúgio, um lugar de descanso. Isso implica ter experimentado a presença do Outro em nosso próprio corpo para nos constituirmos.

No mundo contemporâneo, também ansiamos por experiências transcendentais, que nos despertem para a necessidade de algo mais profundo. Nosso corpo nos confronta com a finitude, as vulnerabilidades e as instabilidades humanas, ao mesmo tempo que nos lembra da alegria intrínseca à vitalidade. O corpo, como uma casa, tem o potencial de ser um espaço de possibilidades e de mistério.

Ao reconhecer essas questões, sentimos a importância de enraizarmos o nosso Instituto e termos uma sede onde podemos promover encontros e trocas que nos vitalizam. Lembramos que o encontro humano e o toque do Outro são essenciais para a nossa saúde e existência, além de nos retirar da solidão que muitas vezes o trabalho clínico nos impõe e que a virtualidade do mundo moderno não consegue suprir.

A realidade compartilhada é uma construção coletiva e os encontros entre nós geram memórias e histórias do grupo. Esse é um espaço em que iremos criar narrativas que vão além de nossas histórias individuais, em que tornaremos visíveis e concretas as experiências e reflexões solitárias, um espaço criativo de trocas e compartilhamentos que permite a contribuição de todos na formação da nossa história.

Para uma pessoa se sentir verdadeiramente viva e existente, ela precisa se inserir no mundo, em um grupo, de maneira única e pessoal. A hospitalidade é uma qualidade fundamental que cada ser humano precisa redescobrir ao longo de sua jornada para manter seu bem-estar, estabilidade e vitalidade, bem como do grupo.

Ao participar ativamente de uma comunidade que preserva elementos do passado e tem vislumbres do futuro, o ser humano encontra a base e as raízes de sua identidade, modo de continuar ativo, comunicativo e criativo. Como sabemos, pessoas desenraizadas, em geral, são apáticas, desconectadas, intolerantes e/ou agressivas.

Quando a tecnologia assume um papel dominante, onde as pessoas ficam privadas de trocas e de relacionamentos, o senso de si é perdido e consequentemente o de coletividade, gerando feridas éticas profundas. A cultura, a arte, os mitos, as histórias, os encontros grupais movidos por interesses comuns podem ter um papel significativo na transformação e integração da mente, psique e corpo do ser humano contemporâneo, pois podem agir como uma força que reacende a memória dos costumes e comportamentos que geram resiliência.

O desenvolvimento do ser humano torna-se possível quando nos deparamos com manifestações simbólicas, que se tornam uma via de acesso ao vasto conhecimento disponível. Os símbolos funcionam como pontes, conectando o mundo dos arquétipos, o reino da consciência e a realidade exterior. Eles manifestam-se como fenômenos psíquicos que podem ser observados e compreendidos.

A perspectiva da psicologia junguiana enfatiza que o acesso ao inconsciente ocorre através de suas manifestações, que se revelam tanto no âmbito individual, como em sonhos, fantasias, arte e experiências pessoais, quanto no contexto coletivo, como em mitos, contos de fadas e eventos sociais. O reconhecimento dessas manifestações reside em seu valor simbólico, que pode ser significativo tanto para o indivíduo quanto para a comunidade que as cria e as experiência em um nível psicológico.

A função psíquica responsável por criar esses símbolos é conhecida como a função transcendente, que atua como uma mediadora entre o consciente e o inconsciente, impulsionada pela necessidade intrínseca da psique por transformação.

A consciência desempenha um papel essencial ao procurar ter um domínio sobre as ações instigadas pelos arquétipos, organizando-as de maneira a possibilitar uma adaptação saudável ao ambiente. Portanto, a verdadeira humanidade de um indivíduo se manifesta quando ele é capaz de agir conscientemente, exercendo controle sobre suas ações e comportamentos.

A psicologia destaca-se como uma disciplina que considera o sentimento e as emoções como um componente de valor, uma vez que representam a ligação entre os fenômenos psicológicos e a experiência de vida. Algumas vezes a psicologia tem sido criticada por não ser suficientemente científica nesse aspecto; no entanto, seus difamadores frequentemente negligenciam a importância prática e científica de conceder aos sentimentos a devida atenção.

Através da imaginação, dos mitos e dos sonhos, temos a capacidade de explorar e adentrar o mundo do inconsciente. Ao dialogar com os símbolos que advêm dessas narrativas, somos capazes de descobrir acerca de questões e conflitos pessoais, coletivos, universais e integrá-los.

Os arquétipos são a impressão original dos padrões psíquicos no ser humano e "[...] como grandezas inconscientes, permanecem também irrepresentáveis e ocultos, mas se tornam indiretamente discerníveis pelas combinações que produzem na nossa consciência" (Jaffé, 2021, p. 28). Em situações primordiais da vida, como nascimento, maternidade, amor, morte, transformação e através de imagens, símbolos, sentimentos, pensamentos, os arquétipos tornam-se acessíveis à consciência, tornando-se seus criadores e organizadores.

No contexto global atual, tanto em termos institucionais quanto pessoais, podemos identificar a necessidade do arquétipo de Héstia, destacando a importância de cuidar tanto do nosso ambiente físico quanto do nosso bem-estar emocional, tanto individual quanto coletivamente. Essa deusa é a guardiã do fogo sagrado em nosso ambiente, aquecendo, nutrindo e cuidando do templo interior que precisamos manter saudável.

O mundo contemporâneo por um lado está mais globalizado, mas por outro nunca houve tantos refugiados, expatriados, pessoas saindo de sua terra natal por vontade própria, por necessidade ou por seu lugar de origem não ser mais possível de estar, por questões ecológicas, guerras, políticas, insalubridade.

Após a vivência da pandemia, o nosso Instituto está indo para uma nova sede, um local nosso, onde podemos cultivar e fortalecer as nossas raízes. Nossa casa, nossa sede, nossa cidade, nosso país, nosso continente e nosso planeta podem todos ser vistos como extensões de nosso próprio corpo. Da mesma forma que cuidamos de nosso corpo, também devemos cuidar da nossa casa e do nosso instituto, da sede, garantindo que sejam lugares seguros, protetores e acolhedores.

Héstia lembra-nos da importância de criar um ambiente hospitaleiro, capaz de promover tranquilidade, conforto e renovação, que reflitam no bem-estar de todos que nele adentrem. Além disso, a divindade destaca a interconexão entre nosso corpo, nosso ambiente (casa e sede) e o ambiente externo. Um corpo saudável e um ambiente acolhedor em casa, no trabalho ou socialmente podem promover um senso de paz interior e harmonia emocional.

Quando estamos em equilíbrio emocional, tendemos a cuidar melhor de nosso corpo e de nossa casa/sede, que são nossos templos. Nosso estado interno está intrinsecamente ligado ao ambiente que criamos ao nosso redor. Todos precisamos construir uma rede de apoio para nos conectar com nossa chama interna, o que nos torna seguros e fortes para aquecer o coração dos outros. Retornar às nossas raízes em solo firme significa reconectar-se com o calor da chama de Héstia, o calor de nossa sede e de nosso espaço pessoal.

Por fim, vou partilhar com vocês um sonho que tive durante a pandemia.

Encontrava-me em um lugar mágico e misterioso, onde a realidade era moldada por uma lógica própria. Em meio a uma vastidão de terras, erguia-se uma casa, uma casa diferente de todas que já tinha visto. Ela não estava fincada no solo, como as construções convencionais, mas pendurada no ar, como se desafiasse a gravidade com ousadia.

O que mais me intrigou foi a visão das raízes da casa, que se estendiam abaixo dela, suspensas no vazio. As raízes eram robustas e saudáveis, como se tivessem sido cultivadas com cuidado e carinho. Era evidente que a fundação daquela casa havia sido meticulosamente planejada e executada, mesmo que o resultado fosse uma casa flutuante. A casa pairava no ar, balançando suavemente como uma folha ao vento. Eu e outras pessoas temíamos que ela se desestruturasse, porém nada parecia abalá-la, nem mesmo a falta de terra firme sob suas fundações. Ela começou a se mover, atravessando um vasto lago de águas brilhantes e profundas, depois passa por montanhas com seus picos escarpados e cobertos de neve que se estendiam até onde os olhos podiam ver e que escondiam segredos antigos.

Era uma cena surreal ver uma casa flutuando nos céus, como um navio celestial. À medida que a casa avançava, ela parecia dançar entre os picos, subindo e descendo suavemente. Não havia medo, apenas um sentimento de maravilha e admiração diante dessa cena surreal.

Enquanto a casa se movia, a atmosfera ao redor mudava. O ar era puro e fresco, carregado com o cheiro de pinheiros. Pássaros voavam ao redor da casa, como se a considerassem uma extensão natural do ambiente.

No final do meu sonho, a casa finalmente pousou suavemente em um vale verdejante e sereno. Uma terra firme e boa para ancorar suas raízes. Ela encontrou seu lugar entre as montanhas, como se tivesse pertencido àquele local desde sempre. Estava maravilhada com a jornada da casa que saiu do solo, atravessou as montanhas e encontrou uma terra fértil. Para mim, essa era uma metáfora poderosa do potencial humano que temos nesse Instituto para transcender limites, adaptarmo-nos aos desafios, florescer e frutificar.

O Instituto surgiu de um sonho que tem mais de 30 anos. Hoje nosso simpósio tinha que ser presencial e acolhedor para celebramos essa conquista e a capacidade de evoluirmos e acompanharmos as transformações dos tempos atuais. Fizemos sacrifícios e agora estamos colhendo o resultado da nossa coragem. Que essa história seja para sempre uma inspiração profunda para todos que escolhem estar inteiros nessa jornada.

As montanhas e o lago que aparecem no sonho lembram a Suíça, a terra de Jung, e o nome do edifício no qual adquirimos a sede, em que agora estamos, chama-se Denver, que é uma cidade nos Estados Unidos conhecida por seu cenário natural espetacular nas Montanhas Rochosas. Atravessamos continentes e estamos situados no primeiro bairro da cidade de São Paulo a priorizar o saneamento básico e a higiene doméstica — Higienópolis.

Renata Whitaker
Membro analista do IJUSP, AJB e IAAP
Presidente do IJUSP

REFERÊNCIAS

JAFFÉ, Aniela. *O Mito do Significado na Obra de Carl G. Jung* – Uma Introdução Concisa ao Estudo da Psicologia analítica. São Paulo: Ed. Cultrix, 2021. p. 28.

JUNG, Carl Gustav. *Ab-reação, Análise dos Sonhos, Transferência.* O. C. XVI/2. Petrópolis: Ed. Vozes, 2021a.

JUNG, Carl Gustav. *Símbolos da transformação.* O. C. Vol. V. Petrópolis: Ed. Vozes, 2021b.

JUNG, Carl Gustav; SHAMDASANI, Sonu. *Introdução e Editoração*. O Livro Vermelho. *Liber Novus*. Petrópolis: Ed. Vozes, 2013.

NORBERT, Elias. *A sociedade dos indivíduos*. Rio de Janeiro: Ed. Zahar, 1994.

DIGITAL

ACADEMIA DE LÍDERES UBUNTU. Fundamentos. Disponível em: https://www.academialideresubuntu.org/pt/o-ubuntu/fundamentos. Acesso em:18 ago. 2023.

IJUSP – Instituto Junguiano de São Paulo. Quem somos. Disponível em: https://ijusp.org.br/sobre-o-ijusp/quem-somos/. Acesso em: 18 ago. 2023.

MORI, Kentaro. A Teia de Indra. *Science blogs*: Ciência, cultura e política, 18 jun. 2012. Disponível em: https://www.blogs.unicamp.br/100nexos/2012/06/18/a--teia-de-indra/. Acesso em: 18 ago. 2023.

WIKIPEDIA. A teia de Indra. Disponível em: https://pt.wikipedia.org/wiki/Teia_de_Indra. Acesso em: 18 ago. 2023.

WIKIPEDIA. Ubuntu (filosofia). Disponível em: https://pt.wikipedia.org/wiki/Ubuntu_(filosofia). Acesso em: 18 ago. 2023.

Introdução

O livro que você tem em mãos registra as apresentações de nosso encontro de 2023, o primeiro presencial desde os anos de pandemia. Os institutos têm um papel enquanto formadores da especialização no campo clínico da abordagem em psicologia. A transmissão e produção de conhecimento em nossa perspectiva envolve o permanente aprofundamento e a aplicação clínica da disciplina psicologia analítica. Em si complexa — como já se designou — e sempre aberta a novas modalidades e formas de saber, é um *work in progress*, que parte da afirmação de sua parcialidade, isto é, da equação pessoal de seu criador, bem como do observador e da limitação do processo histórico em que uma psicologia é construída e desenvolvida.

Em nossos encontros anuais de estudos, dos quais participam psicoterapeutas junguianos, muitos deles do próprio Instituto Junguiano de São Paulo, mas não só, é descortinada uma outra face do trabalho clínico: a pesquisa, a reflexão, a apresentação de determinados conjuntos de ideias relativos ao tema, modos próprios de olhá-lo em um dado momento do exercício profissional, perspectivas particulares, enfim, que trazem um colorido novo à psicologia analítica. Desta vez, o tema que perpassa os diferentes artigos apresentados por si reforça a ampliação da dimensão prática de nossa profissão: na medida em que dela parte e a ela retorna, foca diretamente a contribuição ao que se compreende ser o trabalho clínico. Frutos do rico amálgama entre experiência clínica, experiência de vida, estudo e criatividade, estes trabalhos retratam bastidores da psicoterapia, uma espécie de formação contínua dos profissionais, sempre necessária e tributária da qualidade do trabalho analítico que desenvolvem. Devido à atividade de pesquisa que é inesgotável e à sua divulgação em encontros científicos, os autores se atualizam, encontram subsídios teóricos e metodológicos, esclarecem, discutem e avaliam as questões ou sínteses trazidas. Ao mesmo tempo, oferecem aos ouvintes sua visão única e, ao fazê-lo, abastecem uma fonte viva que enriquece seus pares e outros interessados na psicologia junguiana.

Sabemos que a escrita é um trabalho artesanal em que o impulso criativo e as ideias buscam se coordenar e o fazem de modo imprevisto, por meio de processos de trabalho totalmente individuais. Construídas palavra por palavra, imagem por imagem, as palestras repercutem em cada ouvinte e permanecem como ponto que ilumina e amplia suas próprias ideias e afetos. Isso parece se aquecer a partir do sentimento de pertencimento a uma comunidade, neste caso dos que compartilham um universo reflexivo. Aí está o valor de nossos simpósios, em que o olhar individual e o coletivo se entrelaçam e se nutrem reciprocamente em favor de um ofício que por si é intenso, solitário e demanda espaços de troca. O exercício prático de nosso trabalho, a cada vez único e, portanto, original, pressupõe uma postura interna pautada em abertura de alma, em que não podem faltar ingredientes como respeito, sensibilidade, conexão, raciocínio clínico, compromisso enfim com quem está diante de nós, para citar alguns aspectos de nosso cotidiano de atendimentos nos quais, afinados pela tessitura desse diapasão, constelam-se presença e entrega. Um apelo surgido nas experiências de troca com os pares ilumina um assunto, sua reflexão, um novo pensamento a ser narrado; a inspiração pode se referir à contribuição e à necessidade de partilhar eventual acerto; outras vezes, situações de dúvida buscam um espaço para serem tematizadas; o aprofundamento de um recurso merece ser comunicado; surge a oportunidade de relatar uma pesquisa concluída. Ideias em desenvolvimento parecem carecer de escuta. A síntese de uma leitura, de uma discussão que tomou corpo, é apresentada. Enfim, seja relato de experiência, de vontade de conhecer ou de ficar em aberto, carregado de sentido de humanidade, um artigo em nosso campo surge de questões, sentimentos e sentidos. Ele é um mundo em si, uma articulação teórica que brota do encontro analítico e a ele acabará por retornar, provavelmente por via indireta, talvez invisível, transformada pelo trânsito entre sua origem e a forma que tomou, enriquecida pela decantação das ideias redigidas e pelo debate que provocam junto aos ouvintes. Artistas das palavras, os autores produzem a partir do inconsciente e recebem da consciência o recurso para a elaboração daquele conteúdo. Tudo isso e apenas isso este livro oferece.

No prólogo Renata Whitaker traz reflexões contemporâneas à luz da psicologia analítica. Segundo a autora, conforme nos aprofundamos na psicologia de Jung, compreendemos que ela molda a maneira como executamos nosso trabalho; mais que isso, abrange nossa visão da vida e como a conduzimos e nos relacionamos, sempre levando em consideração o vasto universo simbólico que nos orienta, que é composto por uma complexa teia de afetos, experiências passadas, crenças, conceitos, histórias, símbolos e imagens. O texto faz uma costura da história do IJUSP, a importância da formação de analistas e traça paralelos da conquista da sede realizada em 2023, com a estruturação da identidade individual e coletiva, enquanto enfatiza a importância de termos raízes bem plantadas para que a nossa árvore cresça de maneira saudável e dê frutos. A casa, a árvore, assim como o corpo físico que habitamos, são espaços potenciais de possibilidades, de relações e de mistério. Pertencer a um instituto nos traz a possibilidade de vivermos uma realidade compartilhada; formar uma rede de apoio é fundamental para vivermos e nos desenvolvermos como seres humanos, é uma construção coletiva que gera memórias, um espaço criativo de trocas e pertencimento que permite a contribuição de todos na formação da nossa história. Pontos da história do IJUSP exemplificam como a psicologia analítica pode contribuir, na contemporaneidade, para o desenvolvimento do ser humano e do grupo, quando nos deparamos com símbolos que funcionam como pontes que ligam o mundo dos arquétipos, o reino da consciência e a realidade exterior e criam uma via de acesso ao vasto conhecimento disponível.

O capítulo 1 reúne a produção de alguns membros do Núcleo de Estudos em Religião e Espiritualidade (NERE), do IJUSP, desenvolvida a partir da discussão dos textos de Jung voltados para a psicologia da religião oriental, especialmente de seu comentário psicológico. Por meio de textos condensados, os autores voltaram-

-se para certos aspectos da discussão desenvolvida por Jung em seu Comentário sobre o *Livro tibetano da grande liberação*, no qual são apresentadas as diferenças mais significativas entre a mente ocidental e a oriental. Sob a ótica da psicologia analítica encontram-se semelhanças entre os caminhos da Grande Libertação no budismo e o processo de individuação, de Jung, o que abre uma nova perspectiva de consciência. Candido Vallada introduz a reflexão: situa os contornos do texto junguiano, anuncia seu conteúdo, faz demarcações básicas que orientam a leitura do capítulo. A seguir, são destacadas por Márua Roseni Pacce as origens míticas da religião oriental, seu objetivo rumo à consciência universal e a atitude introvertida. Paula Perrone traz a relação entre os centros da personalidade eu e Si-mesmo, o desenvolvimento da noção de Si-mesmo a partir da mandala, aproxima o caminho oriental e o ocidental e enfatiza o papel da interiorização. Daniela Kroggel Sá destaca a conexão do homem espiritual com a "centelha divina", a ação da função transcendente na ampliação da consciência e a noção de personalidade mana, presentes no caminho arquetípico do processo de individuação. Sandra Souza propõe a alteração do eixo Ocidente-Oriente, evidente na mentalidade europeia colonialista do século XIX, para a compreensão de uma trajetória latitudinal estimulada por narrativas atuais decoloniais, com seus polos norte-sul, como ampliação da visão consciente e suas contribuições na atualidade. Por fim, Inês Praxedes evoca as raízes mitopoéticas brasileiras que trazem o modo peculiar da consciência latina de introverter e a correlação desse olhar com a prática clínica contemporânea.

No capítulo 2 Durval Faria aborda as difíceis questões da paternidade em nosso tempo, isto é, tematiza os conflitos da paternidade na cena contemporânea. É apresentado um panorama da vida contemporânea, a mudança do papel do pai nos séculos XX e XXI e os principais desafios nas etapas da relação pais-filhos(as), em busca de um vínculo de alteridade, empatia e responsabilidade.

O capítulo 3, de Cristiane Adamo, traça aproximações entre a dança flamenca enquanto oportunidade de expressão da alma e a prática da psicologia analítica. De acordo com a autora, no exercício da clínica junguiana contemporânea, cada vez mais estão sendo estudadas e descobertas ferramentas, para além da expressão verbal, que possibilitam às pessoas se conhecerem melhor, recursos diversos que podem auxiliar no processo de análise. Esse movimento levou ao desenvolvimento de novos olhares e compreensões sobre diferentes formas de autoconhecimento e aprofundamento que, de alguma maneira, permitem influenciar e colaborar com o processo de individuação. A dança faz parte dos novos recursos a serem explorados. Ao dançar, atinge-se simultaneamente as dimensões física e psíquica, o que possibilita estimular a ampliação da consciência sobre o corpo e auxiliar na percepção das emoções. O artigo pretende realizar uma reflexão sobre a oportunidade oferecida pela dança flamenca como mais uma possibilidade de conexão consigo mesmo, com o outro e com o mundo, como um instrumento ao nosso alcance de união entre o corpo e a psique. A expressão de estados emocionais pelo movimento é característica da dança flamenca. A interação do corpo com as emoções, presente em cada palo (ritmo) favorece a relação dinâmica entre a consciência e o inconsciente. Assim, dançar flamenco desenvolve e conecta diversas áreas e sentimentos, cria mais uma oportunidade de busca pelo desenvolvimento pessoal e integridade. A dança flamenca permite abrir as portas a vários conteúdos e essa dinâmica pode contribuir para o processo de autorregulação psíquica e o contato com a fonte criativa, que nutre e organiza a psique, na qual estão os potenciais que podem ser desenvolvidos. O texto apresenta diferentes benefícios proporcionados pela prática contínua do flamenco e ilustra a oportunidade de autoconhecimento que a dança oferece. Dançar flamenco propicia o estímulo de diferentes sentimentos, auxilia o contato interior, aprofundando-o, e conecta a mulher com aspectos do feminino esquecidos ou desconhecidos, uma vez que resgata e integra diferentes modos de ser mulher, especialmente pela possibilidade de exploração do potencial do feminino dentro de si.

No Capítulo 4 Carmen Livia Parise foca a angústia como enraizamento da alma, pretende olhar mais de perto para esses momentos que nos tomam. A proposição é que, nesses processos, há uma dissolução de um modo de estar na vida que nos faz reconhecíveis por nós mesmos e todo reino anímico das infinitas possibilidades existenciais se abre diante de nós, sem que tenhamos nos aproximado de alguma. Para trilhar esse caminho, é percorrida a imaginação sobre a terra e o reino das raízes, explorada por Gaston Bachelard, bem como a metáfora respiratória, tão bem desenvolvida por Antonin Artaud. Por fim, o mito de Pã é usado como recurso para entender como se dá a experiência psíquica do se fazer alma, psique, consciência, a partir dessas experiências que violam o corpo psíquico.

O capítulo 5, de Denis Mendes, volta-se para as possíveis contribuições para o trabalho clínico do analista junguiano a partir do *Livro Vermelho*. É fruto da imersão e estudo sobre esse Livro (L. V.) iniciados em 2011, tanto individualmente como em grupo vivencial, e que resultou na pesquisa de mestrado realizada no Núcleo de Estudos Junguianos (NEJ), dentro do campo da psicologia junguiana, entre 2017 e 2019, com analistas junguianos latino-americanos, membros de sociedades junguianas (IAAP). As reflexões apresentadas se referem ao papel e ao sentido do L. V. na prática clínica dos analistas junguianos, suas observações e elaborações. Ao longo do artigo, são apresentadas observações em relação à teoria como também à prática clínica. A partir das narrativas dos analistas, foram tecidas considerações sobre o que L. V. descreve como testemunho vivo do processo de elaboração dos conceitos junguianos, em especial das técnicas expressivas e da imaginação ativa, além do relato vivo da construção do *opus* junguiano, sua epistemologia e a sua importância para o trabalho psicoterapêutico na atualidade.

No capítulo 6, "Da clínica como lugar para o lugar do olhar", Paola Vergueiro faz uma leitura arquetípica e paradigmática da história recente da psicologia. Na primeira seção, apresenta os temas que serão desenvolvidos no capítulo. A 2ª seção apresenta as perspectivas de desenvolvimento dos autores Fordham, Edinger e Neumann, com destaque ao fato de que todas elas remetem aos temas, à união e à separação ego-Self, multiplicação e integração da psique, com base em referências arquetípicas. Na 3ª seção: "A clínica: modelos históricos e associações arquetípicas", são traçadas correlações entre os modelos históricos de doença e tratamento e os estágios do desenvolvimento apresentados por Edinger. Na 4ª seção, "Uma breve súmula reflexiva sobre a história da clínica médica e psicológica", é abordado o percurso histórico dessa área de conhecimento e atuação com base em autores que refletem criticamente sobre as transformações observadas ao longo do tempo. O tema "A psicologia entre os séculos XX e XXI" é apresentado na 5ª seção, que focaliza as mudanças recentes da psicologia, fornece elementos para a análise do novo paradigma de ciência e suas correlações com o desenvolvimento visto a partir de referências arquetípicas. Por fim, a 6ª seção, "O olhar clínico psicológico na atualidade: uma leitura arquetípica e paradigmática", apresenta o entrelaçamento de todos os temas tratados anteriormente.

O Capítulo 7, de Raul Alves Barreto Lima, é fruto de sua tese de doutorado. O autor propõe-se a apresentar brevemente os resultados obtidos nessa pesquisa, que teve como objetivos: investigar o olhar subjetivo e os significados que homens poetas e participantes de *slams* e saraus de poesia na cidade de São Paulo e Grande São Paulo atribuem às suas masculinidades e suas experiências enquanto homens das periferias; analisar os possíveis conflitos associados ao exercício das masculinidades e os possíveis desafios existentes; investigar se a participação em saraus e *slams* de poesia pode contribuir para a percepção de mudança pessoal na vida desses homens; analisar imagens simbólicas referentes às expressões das masculinidades. Os resultados obtidos indicaram potencialidades transformativas — individual e coletivamente —, a partir do pertencimento grupal nos *slams* e saraus e da arte poética enquanto ferramenta expressiva e criativa. A participação nos eventos demonstrou a força com que temáticas relativas a gênero, raça, classe e sexualidades eram manifestadas em tons de denúncia e afirmação de possibilidades mais amplas de viver as identidades e subjetividades. As entrevistas com os homens indicaram a capacidade de aprofundamento deles nas questões de intimidade e afetivo-emocionais de suas histórias, resgate de memórias atuais e do passado e momentos em que interligavam a vida individual e cultural, ao versarem sobre os processos de ressignificação e mudança em torno de suas masculinidades nos sentidos alternativos e contra-hegemônicos, de suas relações pessoais e de suas visões de mundo.

O Capítulo 8, de autoria de Suzan E. Schwartz, traduzido por Daniel Yago, discute o efeito da ausência paterna, a questão do pai ausente. O padrão do pai ausente exige ser preenchido com conteúdos psíquicos que surgem do inconsciente para a vida consciente. O processo leva à consciência e à liberação de fixações e complexos estúpidos. Quando examinadas, as feridas abrem-se à autodescoberta, proporcionando movimento para sair de antigas posições arraigadas pessoalmente, psicologicamente e culturalmente. Liberar significa optar pela voz e não pelo silêncio. Passamos do desespero e do vazio para um ser inquisidor e curioso. A filósofa francesa Simone de Beauvoir, de meados do século XX, contribui para a reflexão: traz esperança para fomentar novas representações a partir da ausência do pai; desenvolve uma imagem paterna diferente dentro de si e descobre a possibilidade de realizar e acessar o que antes desejava. Parafraseando Clarice Lispector: você já achou estranho ser você mesma, de repente?

Paula Perrone

Analista junguiana

Membro do IJUSP, AJB e IAAP

1

Considerações clínicas ao Comentário psicológico de Jung sobre o livro tibetano da grande liberação ou o método de alcançar o nirvana pelo conhecimento da mente

Núcleo de Estudos em Religião e Espiritualidade

Introdução

Candido Vallada

O comentário que Jung escreveu (Evans-Wentz, [1954] 1987, p. XXIX-LII) sobre *O livro tibetano da grande liberação* resultou de um pedido do antropólogo norte-americano Evans-Wentz, para uma apreciação da obra à luz da psicologia analítica. Walter Yeeling Evans-Wentz, da Universidade de Oxford, pesquisador e divulgador do budismo tibetano, foi pioneiro na tradução de textos tibetanos importantes como *O bardo thödol* e *O livro tibetano da grande liberação*.

Nesse ensaio, Jung divide sua apresentação em duas partes: a primeira é uma introdução, em que compara o pensamento do Ocidente com o do Oriente. Na segunda parte, ele vai se dedicar especificamente a comentar o livro baseado na sua introdução.

Nessa primeira parte, Jung explora a conexão entre os ensinamentos contidos no livro e a visão da psicologia analítica. Jung destaca as semelhanças entre os conceitos tibetanos de estados mentais e o inconsciente que ele delineou em seus estudos. Discute como a busca pela "grande libertação" no budismo tibetano pode ser comparada à jornada da individuação na psicologia profunda, onde a integração dos aspectos inconscientes leva a um maior entendimento e crescimento pessoal. Ele explora, nesse texto, basicamente as diferenças fundamentais entre os modos de pensamento Ocidental e Oriental. Segundo Jung, a dissolução da consciência e a interconectividade de todas as coisas são muito características do pensamento oriental, enquanto o pensamento ocidental tende a enfocar na individualidade e no desenvolvimento do ego. Ele discute como essas diferentes perspectivas sobre a natureza da realidade e do ego impactam as abordagens filosóficas e psicológicas nas duas culturas. Essa exploração cria o cenário apropriado para posteriores discussões sobre o potencial de compreensão e integração entre esses contrastantes pontos de vista.

Na segunda parte do seu comentário, Jung mergulha na análise propriamente dita do texto tibetano. Ele examina os temas do livro, incluindo conceitos tais como os processos de libertação e os estados de Bardo. Ele explora o significado psicológico e espiritual dessas ideias, traçando paralelos entre os ensinamentos do livro e seus próprios conceitos, como o de inconsciente coletivo e o de individuação. O comentário de Jung nessa parte lança luzes sobre os profundos *insights* psicológicos incorporados no livro tibetano, conectando essa sabedoria ao entendimento da psicologia e espiritualidade humanas.

O que torna a abordagem junguiana original é que ela possibilita ao sujeito desenvolver uma ligação pessoal com o sagrado através de sonhos e experiências com qualidades numinosas, como os eventos sincronísticos, por exemplo, exercendo assim sua espiritualidade, independentemente de qualquer religião. Considerar isso é fundamental para a perspectiva de o indivíduo conseguir essa conexão dentro da visão clínica junguiana. O comentário de Jung sobre o *Livro tibetano da grande liberação* e o livro em si seguem na mesma direção.

Nessa oportunidade, uma questão a se refletir é sobre a palavra *Geist* nesse artigo do Jung, na edição alemã do *C. G. Jung Gesammelte Werke* (Jung, [1954] 2011a, CW11, §759-830). *Geist*, usualmente, pode ser traduzido como *espírito* ou *mente*. No artigo da edição brasileira das *Obras Completas de C. G. Jung* (Jung, [1954] 2012, OC11/5, §759-

830), a palavra *Geist* é traduzida como espírito (e não como *mente*, que teria uma conotação mais psicológica e menos metafísica).

Empregar a palavra espírito pode, portanto, conceitualmente falando, confundir o leitor. Vemos na edição anglo-americana do *The Collected Works of C. G. Jung* (Jung, [1954] 1986, CW11, §759-830) a palavra *mind* (mente) como a opção de tradução do alemão *Geist*. Lembramos aqui que o próprio Jung escreveu o texto original do seu comentário ao livro tibetano, na língua inglesa, empregando o termo *mind* (e não *spirit*). Ele mesmo optou, assim, pela palavra e pelo sentido, mais apropriados para designar o aparelho psíquico, respeitando, dessa forma, seu próprio critério de não travestir a psicologia analítica com vieses outros, fossem eles religiosos, teológicos ou metafísicos.

A visão mítica

Márua Roseni Pacce

O título original dessa obra é *Yoga do Conhecimento da mente em sua nudez* e por questões mercadológicas relacionadas ao êxito de vendas de textos orientais recém-lançados, ao ser apresentada ao Ocidente, recebeu o nome *O Livro Tibetano da Grande Libertação*.

Libertação é um postulado dentro da mística oriental denominado Mokṣa, que vem de uma raiz sânscrita Muc, significando desatar, soltar, liberar. Zimmer, colaborador e amigo de Jung, traduz esse princípio por emancipação da alma (Zimmer, 2012, p. 41). Essa definição nos aproxima de alguma maneira do conceito de individuação, termo empregado por Jung para designar o processo contínuo de desenvolvimento de cada um de nós, em sua singularidade.

O método de alcançar o Nirvana pelo conhecimento da mente é um texto sagrado, nascido no Tibet, que foi comentado psicologicamente por Jung com a devida reverência de um cientista cônscio de que uma tradição espiritual tem valores emocionais próprios.

Libertação, liberação... De que maneira podemos considerar essa visão na análise clínica? Em que medida o conhecimento da mente em sua nudez nos liberta das amarras e do sofrimento? Enquanto a psicologia ocidental compreende a mente como uma função da psique, nesse texto sagrado encontramos a dimensão cósmica da mente sendo ela própria a essência da existência.

O ensinamento contido nesse texto nos fala de uma mente única, supramundana, ou da Consciência Universal toda penetrante que transcende as aparências e todos os conceitos, sendo essa instância a dimensão do real, não havendo conflito entre religião e ciência (Evans-Wentz, 1995, p. 3).

O oriental entende a psique como sendo a única condição da existência traduzindo sua perspectiva introvertida. O veículo budista do mahayana busca de forma bem simplista nessa apresentação, o caminho do meio e o despertar para além dos estados ilusórios da mente.

A ideia de um espírito universal exprime, de acordo com Jung, o temperamento introvertido do oriental (Jung, [1954] 2012, §790). A capacidade de autolibertação é própria da mentalidade introvertida que, por sua vez, nos é desconhecida e até mesmo estranha. Por outro lado, um oriental também se espanta com nossa extroversão que é entendida por ele como expressão de desejos ilusórios e que revela apego e repulsa.

Dessa forma, a introversão apresenta-se como chave-mestra para acessar o inconsciente, o que não significa que devamos imitar os pontos de vista de uma tradição que não seja cristã, na qual reside nossa natureza.

Esse texto é atribuído a Guru Padma Sambhava, aquele que nasce da flor de lótus, um nascimento não maculado pelo ventre materno, indicando-o como uma emanação da essência de Buda; configura a encarnação de um mestre tântrico. Essa figura mítica possuía o dom de voar e se manifestar em muitos lugares, o chamado dom da ubiquidade que é atribuído a alguns santos no ocidente. Figura lendária, teria vivido em muitos países, tais como na Índia, no Tibet e no Butão, personificando o iogue realizado. Mestre do budismo tântrico, Padma Sambhava alcançou em seu desenvolvimento os chamados *siddhis* ou poderes extrassensoriais. Sua existência expressa a libertação das amarras e dos condicionamentos de forma absoluta.

O texto expõe a 5ª essência do Budismo Mahayana, também chamado de o grande veículo. É fato relevante que os budistas adotem a imagem de um barco para indicar a travessia do *samsara* ou o grande rio das ilusões. Essa visão enganosa da realidade é chamada Maya, na linguagem indiana. Jung refere-se à Maya como "a eterna tecelã do mundo dos sentidos" (Jung, 2011b, §326).

Nossa percepção decorre de uma ilusão daquilo que chamamos realidade e daí nasce nosso sofrimento. Nesse contexto, estamos em plena travessia desse rio das ilusões, do *samsara*, pois nos falta autoconhecimento ou nos falta a completa percepção da unidade essencial. Em uma analogia com a psicologia analítica, o meio para se atingir a outra margem estaria na função transcendente. A substância da mente, como chamam os orientais ou o inconsciente coletivo na nossa perspectiva, apresenta-se à consciência em forma de símbolos.

Historicamente, associa-se ao nascimento de Padma Sambhava na última metade do século VIII A.D. (Evans-Wentz-, [1954] 1995, p. 19). O grande guru, como também é chamado, está retratado com uma taça em sua mão feita de crânio: o néctar da vida em um receptáculo da morte, um permanente convite paradoxal atuando na travessia dos nossos ciclos cujo ápice seria a grande Libertação. Nessa perspectiva, essa taça anuncia a renúncia do *samsara* e todos aqueles que tomam dessa bebida alcançam essa condição libertadora. Sua vestimenta é uma túnica azul, púrpura e amarela, indicando que ele pertence ao ocultismo tântrico, estando além do tempo, da vida e da morte.

Esse é o método que permite ao indivíduo conhecer seu "espírito" ou sua psique e a psicologia analítica está embasada de alguma maneira nessa perspectiva, pois uma de suas tarefas mais destacadas se constitui em alargar a compreensão do inconsciente ou o Si-Mesmo.

Os dois centros da personalidade

Paula Perrone

O Si-mesmo apareceu como centro e como meta para Jung em meio à experiência com a escuridão do inconsciente, por meio dos desenhos de mandalas. Esclareceu em suas memórias que não compreendeu as primeiras mandalas que desenhou, apenas sentia que eram significativas. Logo saberia que elas expressavam as mudanças psíquicas, fotografias de seu estado interno.

> Só pouco a pouco compreendi o que significa propriamente o mandala: "Formação – Transformação, eis a atividade eterna do eterno sentido". O mandala exprime a totalidade da personalidade que, se tudo está bem, é harmoniosa, mas que não permite o autoengano.
>
> Meus desenhos de mandalas eram criptogramas que me eram diariamente comunicados acerca do estado de meu Si-mesmo. Eu podia ver como o meu "Si-mesmo", isto é, minha totalidade, estava em ação (Jung, [1957] 1975, p. 173).

Entre 1913 e 1920 Jung compreendeu que o Si-mesmo é um princípio, um arquétipo da orientação e do significado e que nisso reside sua função salutar... Abandonou a soberania do eu enquanto ponto central da personalidade, a partir da experiência de diálogo com o mundo interior, na qual verificou que tudo levava a um único ponto, ao ponto do meio. Por meio da mandala, Jung diferenciou o Si-mesmo do eu: colocou o eu como centro apenas do campo da consciência e o Si-mesmo como o sujeito do todo da psique, também do inconsciente e, portanto, no qual o eu está contido.

O Si-mesmo é o conjunto dos fenômenos psíquicos individuais, que é um conjunto complexo. Sua parte inconsciente não pode ser dimensionada ou conhecida, pode ser apenas experimentada e descrita a partir de seus efeitos. Apenas o eu é a parcela consciente do Si-mesmo, que se dá a conhecer.

Na psicologia analítica o eu é um estado de coisas bastante complicado e obscuro, uma vez que personifica o inconsciente, de onde provém. Para o Oriente, o eu é uma ilusão, por ser comprometido com a subjetividade, com o campo de visão individual. Jung compara a relação do eu com o Si-mesmo com a relação da Terra em torno do Sol, sem oposição ou submissão, mas apenas com ligação (Jung, 1981, §405).

Sem interiorização os conteúdos inconscientes produzem projeções e ilusões que falsificam as relações humanas, por sua vez pertencentes ao plano do Si-mesmo. A psicoterapia é o processo privilegiado para conectar e diferenciar as duas esferas psíquicas, enquanto o terapeuta é como um guia espiritual.

A unidade da consciência e do inconsciente, ponto fundamental da experiência interior, pode ser experimentada pela conquista de um nível mais elevado de consciência, acima do ponto de vista pessoal. O eu desloca-se do lugar de centro da personalidade para se abrir e ouvir o Si-mesmo, que o engloba, para buscar o alargamento da consciência, o conhecimento do todo. A ampliação da personalidade é fruto da *atitude interna*, rica e indizível experiência caracterizada por um processo de dissolução da tensão entre os opostos consciência e inconsciente. Com essa condição atendida, a individualidade pode se desenvolver e se libertar espiritualmente.

O Si-mesmo parece-nos estranho e próximo, impossível de ser conhecido por ser o que somos plenamente, voz interna a ser ouvida.

> O Si-mesmo também pode ser chamado "o Deus em nós". Os primórdios de nossa vida psíquica parecem surgir inextricavelmente desse ponto e as metas mais altas e derradeiras parecem dirigir-se para ele. Tal paradoxo é inevitável como sempre que tentamos definir o que ultrapassa os limites de nossa compreensão (Jung, [1928] 1981, §399).

Como não existe experiência sem consciência, o Si-mesmo realiza-se por meio da consciência. Até mesmo a experiência de Deus não pode existir sem um eu que a experimente.

Nascido no território indiano, como uma reforma do hinduísmo, o budismo tibetano ganha conotações específicas. O *Livro Tibetano* encerra uma compreensão de ser humano integral, no plano que a psicologia profunda designa por inconsciente. Enquanto a libertação dos polos equivale a Mokṣa, na psicologia analítica a libertação equivale ao conhecimento da dimensão inconsciente.

Segundo Shamdasani (2014), em 1921 Jung equiparou seu conceito do Si-mesmo com o conceito de Atman/Brahman no hinduísmo. Jung e o budismo tibetano penetram e transformam as mesmas realidades psíquicas. Pela *atitude interna*, o homem conecta-se com sua dimensão inconsciente, com a alma e pode compreender e se aproximar do pensamento oriental sagrado e suas práticas espirituais. O valor maior da filosofia hindu é o autoconhecimento, a conquista humana almejada. Esse ponto está presente no Oriente e na psicologia junguiana; possibilita alcançar a transformação interior. Os dois caminhos conduzem ao Si-mesmo, o coração da mandala, e têm como meta o indivíduo se tornar quem ele é, anseio inerente à psique.

Um ponto de encontro

Daniela Kroggel Sá

Podemos observar que a libertação proposta pelo budismo tibetano é alcançar um estado de iluminação no qual o indivíduo se encontra identificado com o inconsciente e é portador da sabedoria ou *prajna* (Moacanin, 1999). Para atingir tal objetivo, deve-se ter como atitude um despertar para a profundidade incomensurável da psique, com o despojo dos desejos e anseios egoicos. É uma atitude considerada introvertida (Jung, [1954] 2012) na psicologia analítica, pois revela uma forma de apreensão da realidade, na qual encontramos o homem espiritual como base para a compreensão do mundo externo.

No Ocidente, ocorre o oposto, ou seja, a atitude predominante é extrovertida (Jung, [1954] 2012), em que a apreensão da realidade é vista como externa e concreta, sendo a percepção dos sentidos e sua tradução o modo como o homem compreende o mundo e assim reage a ele. Assim parece que qualquer possibilidade de desenvolvimento de uma visão espiritual do extrovertido deveria vir de fora, como se fosse um fenômeno que acontece ao homem e sobre o qual não possui nenhum controle.

Considerando que o objetivo (ou *Telos*) do homem espiritual é conectar-se a Deus, seja na visão oriental como o Atman ou na ocidental, como o *Self* (Jung, 2012), a posição psicológica proposta aqui é entrar em contato com a "centelha divina" contida no interior da psique que abrange o mundo objetivo como tal, em uma dimensão microcósmica, que sustenta a sua correspondência com o todo, representada pelo espírito Uno (ou Deus). Tal tarefa perpassa a função transcendente (Jung, [1954] 2012) que, diante dos conflitos conscientes ocidentais ou as ilusões do ego sob o ponto de vista oriental, oferece uma solução que almeja contemplar o todo, isto é, considerar os aspectos contraditórios como fatos a serem valorizados igualmente na resolução do conflito.

Isso requer uma nova postura da consciência, que precisa submeter-se ao inconsciente, em uma atitude religiosa de submissão diante do divino. Assim, a função transcendente enquanto método traz um elemento novo que possibilita uma nova perspectiva para o conflito como um caminho, mas também como processo, em que provoca o despojamento do ego ou a ampliação da consciência e, assim, possibilita o desenvolvimento da consciência para mais um passo no processo de individuação (Jung, 1981).

O alcance dessa sabedoria superior, em que a consciência e o inconsciente mantêm uma relação contínua, está representado pelo arquétipo da personalidade mana, como foi descrito por Jung, em 1928. Ela amplia o olhar da consciência para uma dimensão macrocósmica em que reconhece a totalidade da sua vivência na apreensão da realidade e, com isso, pode entender que está em contato com Deus, admitindo uma visão de mundo em que o indivíduo se percebe inserido em um todo maior que não compreendemos e que possui uma força ou mana superior a nós (Jung, [1954] 2012).

Ao passar pela atividade desse arquétipo durante o seu caminho de individuação, o homem ocidental poderá atingir o estado de iluminação proposto pelo Oriente e então teremos um ponto de encontro entre os dois percursos de desenvolvimento do homem, que assim alcança a libertação proposta pelo livro tibetano.

Entre o Oriente e o Ocidente, uma terceira via

Sandra Souza

A trajetória longitudinal, Ocidente-Oriente, característica da Europa colonialista do século XIX, que se via fascinada por um Oriente estranho e misterioso, guiou, em certa medida, nosso pensamento durante os estudos.

Mas será essa a direção que marca a intimidade de nossa clínica contemporânea? Qual o sentido da leitura e aprofundamento, nos dias de hoje, do comentário psicológico de Jung ao *Livro Tibetano da Grande Liberação*?

No início do século XXI, de um mundo globalizado, no qual a tecnologia transporta a prática clínica para além dos extremos continentais do nosso país, somos conectados a pessoas com várias referências culturais.

Da identidade de gênero, etnia ou classe ao posicionamento político, passando pelo acesso à tecnologia, e instrução formal, a variedade de combinações na composição das subjetividades é imensa.

Na história pregressa de um Brasil colonial e mestiço[1], a violência está presente em nossa memória ancestral não pela experiência das grandes guerras, mas pelas dores soterradas da colonização, que

---

[1] Recorremos a esse termo para reforçar a característica mestiça presente no Brasil contemporâneo, em contraponto aos recentes movimentos identitários que buscam qualificar o país como uma terra na qual convivem etnias apartadas. Assim, como nos diz Antonio Risério, "O Brasil é produto de um processo intenso e contínuo de contatos e trocas físicos e culturais. De escambos biológicos e simbólicos. De todo o tipo de cruzamentos e entrecruzamentos. [...] Quem fechar os olhos ou voltar as costas ao assunto, não estará falando de realidades brasileiras. [...] Com todas as assimetrias e crueldades que marcaram a construção histórica do país, nossas formas de viver, criar, produzir, amar, falar, cantar e pensar são indissociáveis de nossas mestiçagens" (Risério, 2023, p. 26).

se fazem ouvir hoje, pelas reivindicações veiculadas por narrativas cuja orientação é decolonial[2] e seguem uma trajetória latitudinal que tem como polos o norte e o sul[3].

Segundo Jung, "É a partir de dentro que devemos atingir os valores orientais [...], e não a partir de fora. Devemos procurá-los em nós próprios, em nosso inconsciente" (Jung, [1954] 2012, § 773).

Para garantir espaço, no agitado e disputado território social e político às mais variadas pautas, nossa intelectualidade ergue densos muros, que pretendendo ser intransponíveis, demarcam as novas diferenças deste jovem milênio. Por tais barreiras, porém, como volumosos e invisíveis rios voadores, a força e o fluxo do inconsciente seguem atravessando, queiramos ou não.

No dia a dia da clínica, porém, a humanidade pede para ser vista inteira e fora de muros conceituais e enclausurantes. No rio caudaloso das reivindicações coletivas brasileiras, navegam vozes individuais e, para alcançá-las quando essas nos chegam ao consultório, é preciso nos conectar com o único e essencial de cada indivíduo e ao mesmo tempo mergulhar nas águas violentas das atuais narrativas socioculturais.

Nesse sentido, talvez, a clínica contemporânea seja caracterizada, de um lado, pela permeabilidade aos afluxos do inconsciente pessoal e coletivo em estímulo a uma escuta sensível, ampliada e reflexiva e, por outro, por um pensamento que, sendo inclusivo

---

[2] Aqui, referimo-nos à ideia da decolonização ou descolonização, que aponta para a ecologia do saber apresentada por Souza Santos e Meneses como "a ideia pragmática de que é necessária uma reavaliação das intervenções e relações concretas na sociedade e na natureza que os diferentes conhecimentos proporcionam [a ecologia do saber]. Centra-se, pois, nas relações entre saberes, nas hierarquias que se geram entre eles, uma vez que nenhuma prática concreta seria possível sem estas hierarquias. Contudo, em lugar de contexto, à luz dos resultados concretos pretendidos ou atingidos pelas diferentes formas de saber" (Souza Santos; Meneses, 2010, p. 60).

[3] Fazendo referência aos trabalhos de Boaventura de Sousa Santos e ao seu conceito de Epistemologias do Sul: "O Sul é aqui concebido metaforicamente como um campo de desafios epistêmicos, que procuram reparar os danos e impactos historicamente causados pelo capitalismo na sua relação colonial com o mundo. Esta concepção do Sul sobrepõe-se em parte com o Sul geográfico, o conjunto de países e regiões do mundo que foram submetidos ao colonialismo europeu e que, com exceções como, por exemplo, da Austrália e da Nova Zelândia, não atingiram níveis de desenvolvimento econômico semelhantes ao do Norte global (Europa e América do Norte)" (Souza Santos; Meneses, 2010, p. 19).

não a um Outro, mas sim a vários outros, possa produzir novos e atualizados referenciais para compreensão da alma brasileira.

Sonu Shamdasani recorre à ideia de "Renascença Oriental", de Raymond Schwab[4], para reforçar os efeitos positivos gerados para o Ocidente do século XIX, pela aproximação com o Oriente, na forma de uma abertura e renovação cultural decorrente do interesse por textos sagrados e seus conteúdos metafísicos, teológicos, linguísticos e poéticos.

Então, pode ser que a relevância da leitura do Comentário psicológico de Jung ao *Livro Tibetano da Grande Liberação* esteja na observância das atitudes de curiosidade, abertura, ousadia e quase aventura de Jung diante deste Oriente-Outro, tendo-as como fonte de inspiração e guia na busca de uma terceira via para nosso olhar contemporâneo, diante de um mundo crítico, polarizado e que polariza.

Parte de nossas raízes está assentada na extroversão expansionista do Ocidente, que à custa da destruição explorou e ainda explora o interior de nossas matas e de nossas montanhas, com consequências terríveis e conhecidas na forma de dizimação de fauna, flora, povos e da ampliação dos riscos climáticos e biológicos.

Talvez, então, possamos considerar introverter e buscar dentro de nós e de nossa cultura de característica mestiça a capacidade de trânsito e integração de conteúdos, saberes e perspectivas diferentes, para que nossas paisagens culturais sigam com mais pontes entre territórios distintos e nosso universo psíquico seja mais rico e flexível para compreender e conviver com os vários conflitos decorrentes de nossa experiência humana na contemporaneidade.

---

[4] Sonu Shamdasani mostra-nos que para Raymond Schwab a verdadeira Renascença "foi a Renascença oriental, porque foi somente esta que introduziu a possibilidade de um humanismo verdadeiramente universal" (Shamdasani, 2014, p. 61).

Nos nossos termos

Inês Praxedes

Aqui, do lado oeste do mundo, como ocidentais, sem a história do Oriente que conduz o ego desde o seu berço a ocupar lugar secundário na tarefa de estar no mundo.

Cultivados a fazer de nosso ego o nosso centro e dele esperarmos não humildade, mas ação heroica.

Aprisionados que somos à hipertrofia da consciência que nos faz acreditar mais na ciência do que no espírito, mais na lógica do que na magia.

Recebemos, então, de Jung, essa grande obra de traduzir do Oriente processos soberanos e atemporais que, independentemente das nossas escolhas ou negações, dão-se na nossa alma em busca da interiorização.

Contudo, qual é a nossa forma de interiorizar?

Em que momentos farejamos desconfiados e inseguros a partir de nossa forma de viver, do nosso pensamento estruturado que existe algo além do "penso, logo existo"?

Jung, em sua obra, enfatiza a importância de não nos afastarmos das nossas raízes culturais e históricas. Alerta ainda para o risco de nos tornarmos rasos imitadores de práticas alheias.

Também diz da importância de entendermos em nossos próprios termos (Jung, 2020).

Pensando assim, talvez exista uma grande diferença da chegada da filosofia oriental na Europa e na América Latina.

E os nossos próprios termos não são os próprios termos de Jung, um europeu, nem de Morin, nem de Hillman.

Do lado de cá do mundo, eles olham, inspirados para sabedorias milenares que exercitam com maior naturalidade a interiorização e então dizem: rumo ao Oriente!

Enquanto outros, do hemisfério norte, dizem: rumo ao sul!

Mas nós somos o sul...

Aumentando o zoom para a América Latina: somos pluri, a miscigenação de povos originários, colonizadores e imigrantes foi para além da pele. Dela, surgiram nossas crenças, práticas e buscas. Somos um povo extrovertido, místico e intuitivo e as nossas bases arquetípicas nos dizem também que é pela introversão que o indivíduo é fecundado.

E como somos fecundados?

Como e quando interiorizamos?

Falando nos nossos termos: temos nossos próprios oráculos, deuses e práticas respondendo sobre nossa profundidade ou dando alento para o nosso medo diante das incertezas, que seja! Como diz, em nossos termos, Chico Buarque, diante da incerteza em que o amor nos lança:

> *Consta nos astros, nos signos, nos búzios*
> *Eu li num anúncio, eu vi no espelho*
> *Tá lá no evangelho, garantem os orixás*
> *Serás o meu amor, serás a minha paz*

Chico Buarque, em *Dueto*, ainda zomba da degeneração do espírito em intelecto ocorrida no Ocidente e diz:

> *Consta nos autos, nas bulas nos dogmas*
> *Eu fiz uma tese, eu li num tratado*
> *Está computado nos dados oficiais*
> *Serás o meu amor, serás a minha paz*
> *Mas se a ciência provar o contrário...* [5]

Paulinho da Viola, com o olhar incomum e visionário do artista, aponta-nos vislumbres da grandeza da psique e da pequenez do eu quando diz em *Timoneiro*:

> *Não sou eu quem me navega*
> *Quem me navega é o mar*
> *É ele quem me carrega*
> *Como nem fosse levar*[6]

---

[5] DUETO. Compositor: Chico Buarque.
[6] TIMONEIRO. Compositores: H. B. De Carvalho, P. C. B. de Faria.

Milton Nascimento canta a manifestação do mistério, falando em nossos próprios termos:

> Há canções e há momentos
> Que eu não sei como explicar
> Em que a voz é um instrumento
> Que eu não posso controlar
>
> Ela vai ao infinito
> Ela amarra a todos nós
> E é um só sentimento
> Na plateia e na voz [7]

O Ganges é para o indiano o grande Rio Sagrado da Libertação. O sonho de todo indiano é morrer no Ganges para alcançar Moksa, para nós o paraíso, e não precisar mais reencarnar.

Foto 1 – Piras Crematórias, Rio Ganges, Varanasi, Índia, 2023

Fonte: Inês Praxedes

---

[7] CANÇÕES e momentos. Compositores: M. S. C. do Nascimento, F. R. Brant.

Nós temos os nossos grandes rios. O Rio Amazonas é o segundo maior rio do mundo. E o que eles dizem para nós? Em que nos inspiram? O que nos provocam?

No conto do nosso Guimarães Rosa, a Terceira Margem do Rio, o protagonista do conto, o filho do velho da canoa, em uma reflexão diante do rio, depois de passar uma vida vendo o pai parado na canoa em uma fenda aberta a meio-rio em silêncio, diz, em nossos próprios termos: "Temo abreviar com a vida os rasos do mundo" (Rosa, 1988, p. 85).

E, com uma história ribeirinha tão diversa sonha, talvez como um indiano e diz, em nossos próprios termos: "Mas então ao menos que no artigo da morte peguem em mim e me depositem também numa canoinha de nada nessa água que não para de longas beiras" (Rosa, 1988, p. 85).

Foto 2 – Banho no Rio Ganges, Varanasi, Índia, 2023

Fonte: Inês Praxedes

Diluindo-se com o Rio, em um etéreo processo de desintegração/integração, termina dizendo:

*E eu rio abaixo,
rio a fora,
rio a dentro,
o rio (Rosa, 1988).*

Foto 3 – Rio Tapajós com Amazonas, 2018

Fonte: Leão Serva

Foto 4 – Oferenda - Rio Ganges, Varanasi, Índia, 2023

Fonte: Inês Praxedes

*Por sob a risca da
canoa
o rio viu, vi
o que ninguém jamais
olvida
ouvi ouvi ouvi
A voz das águas*[8].

REFERÊNCIAS BIBLIOGRÁFICAS

BONAVENTURE, L. Léon. *Miscellanea*. São Paulo: Paulus, 2021.

EVANS-WENTZ, W.Y. [1954]. *O livro tibetano da grande liberação ou o método de alcançar o nirvana pelo conhecimento da mente*. São Paulo: Pensamento, 1995.

JUNG, C. G. *Memórias, sonhos e reflexões*. Rio de Janeiro: Nova Fronteira, 1975.

JUNG, C. G. *O eu e o inconsciente*. OC VII. Petrópolis, RJ: Vozes, 1981.

---

[8] A TERCEIRA Margem do Rio. Compositores: M. Nascimento, C. Veloso.

JUNG, C. G. [1954]. *Comentário psicológico sobre O livro tibetano da grande libertação. In*: Psicologia da religião ocidental e oriental. OC XI. Petrópolis, RJ: Vozes, 1983.

JUNG, C. G. [1954]. *Psychological commentary on the tibetan book of the great liberation. In*: Psychology and religion. CW XI. Londres: Routledge & Kegan Paul, 1986.

JUNG, C. G. *Tipos psicológicos*. OC VI. Petrópolis: Vozes, 1991.

JUNG, C. G. *O livro vermelho*: liber primus. Petrópolis: Vozes, 2010.

JUNG, C. G. [1954]. *Psychologischer Kommentar zu das tibetische Buch der grossen Befreiung. In*: Zür Psychologie westlicher und östlicher Religion. CW 11. Stuttgart: Patmos, 2011a.

JUNG, C. G. *Psicologia e Alquimia*. OC XII. Petrópolis: Vozes, 2011b.

JUNG, C. G. [1954]. Comentário psicológico sobre O livro tibetano da grande libertação. *In*: JUNG, C. G. *Psicologia e religião*. OC XI. Petrópolis: Vozes, 2012. § 759-830.

JUNG, C. G. *Os livros negros, 1913-1932*: cadernos de transformação. Petrópolis: Vozes, 2020.

MOACANIN, R. *A psicologia de Jung e o budismo tibetano*: caminhos ocidentais e orientais para o coração. São Paulo: Cultrix: Pensamento, 1999.

PIERI, P. F. *Dicionário junguiano*. São Paulo: Paulus, 2002.

RISÉRIO, A. *Mestiçagem, identidade e liberdade*. Rio de Janeiro: Tobbooks, 2023.

ROSA, J. G. *Primeiras Estórias*; Conto: A Terceira Margem do Rio. Rio de Janeiro: Nova Fronteira, 1988.

SHAMDASANI, S. *C. G. JUNG*: uma biografia em livros. Petrópolis: Vozes, 2012.

SOUSA SANTOS, B.; MENESES, M. P. (org.). *Epistemologias do Sul*. São Paulo: Cortez Editora, 2010.

ZIMMER, H. *Filosofias da Índia*. São Paulo: Palas Athena, 2012.

REFERÊNCIAS DISCOGRÁFICAS

A TERCEIRA Margem do Rio. Intérprete: Caetano Veloso. Compositores: M. Nascimento, C. Veloso. *In:* Txai. Intérprete: Milton Nascimento: CBS, 1990, 1 CD, faixa 2.

CANÇÕES e momentos. Intérprete: Milton Nascimento. Compositores: M. S. C. do Nascimento, F. R. Brant. *In*: Tambores de Minas. Intérprete: Milton Nascimento: WEA Music, 1998, 1 CD, faixa 16.

DUETO. Intérprete: Chico Buarque. Compositor: C. Buarque. *In:* Caravanas. Intérprete: Chico Buarque: Biscoito Fino Brasil, 2017. 1 CD, faixa 6

TIMONEIRO. Intérprete: Paulinho da Viola. Compositores: H. B. De Carvalho, P. C. B. de Faria. *In:* Timoneiro. Intérprete: Paulinho da Viola: BMG Brasil, 2002, 1 CD, faixa 1.

2

Os conflitos da paternidade na contemporaneidade

Durval Luís de Faria

A paternidade é uma vivência humana adulta, masculina e que se expressa pelo cuidado. Tem uma ressonância grande na vida de um homem, modificando sua identidade, autoimagem, relação com o trabalho e parceira(o), interação com os pais e a sociedade (Colmann; Colmann, 1990).

Temos trabalhado com pais e mães há mais de 30 anos, primeiro em nossa tese de doutorado (2003), depois em trabalhos acadêmicos que orientamos, em nosso consultório e como supervisor do Serviço de Atendimento aos pais, na Clínica Psicológica "Ana Maria Poppovic", do curso de Psicologia, na PUC-SP.

O que vamos apresentar neste capítulo é uma síntese das observações que fizemos, temperada com o aporte teórico da psicologia analítica. Em geral, podemos dizer que, a partir dos meados do século passado, vai haver uma reformulação e um questionamento do papel do homem nas relações de gênero e no cuidado com os filhos. Até essa época, ao homem cabia o papel de provedor e à mulher o papel de cuidadora, dentro do lar. Tínhamos então o homem exercendo apenas o cuidado indireto, no mundo profissional.

O movimento das mulheres, a inserção delas no mercado de trabalho e no âmbito da cultura vai mudar esse panorama. Com o estabelecimento do divórcio e dos métodos contraceptivos, a mulher ganhou parte de sua liberdade, podendo ampliar seu mundo de escolhas e realizações.

A transformação do papel da mulher trouxe a possibilidade de o homem colocar-se de forma diferente no seio da família, desempenhando mais ativamente o cuidado no lar e podendo também transformar as relações de gênero.

No entanto, sabemos que essa transformação ainda é um ideal a ser alcançado. Embora hoje os pais adotem como *persona* uma atitude do pai nutridor e cuidador, essa mudança talvez se dê nos estratos mais conscientes e progressistas da nossa sociedade. E mesmo o interior de cada homem parece ser habitado por uma polaridade progressista e outra mais conservadora.

Não podemos esquecer que o movimento psíquico coletivo atual obedece também às polaridades extremadas: enquanto uma parte da sociedade avança em algumas pautas, outras, com receio da perda de privilégios, regride, até as formas mais primitivas e violentas (Zoja, 2005).

Podemos dizer que vivemos em um tempo de conflitos e contradições. Se, por um lado, há vozes conscientes masculinas clamando por transformação, há outras que veem esse movimento de transformação da masculinidade como perigoso, afrontando a masculinidade tradicional e lutando por essa com ameaças, violência e argumentos (pseudo) religiosos.

Assim, a consciência de uma paternidade participativa, em que o homem é ativo nos cuidados e na educação dos filhos, é oposto a uma paternidade ausente ou autoritária, onde a mulher é deixada muitas vezes com o peso do sustento e educação dos filhos.

Atualmente, 25% dos lares, aproximadamente, no Brasil, têm a mulher como provedora e cuidadora única e esse número só aumenta. Aqui, os pais reproduzem o mito de Urano, que joga em Géia ou Gaia os seus filhos, à medida que nascem — o pai inconsciente, que gera, mas não provê e abandona. Aqui, utilizamos, é claro, a imagem de Urano como metáfora do pai que gera, mas abandona e não cuida de seus filhos.

Conflitos da paternidade

Neste momento, assinalaremos conflitos da paternidade que acontecem dentro da família. Não vamos analisar aspectos sociais ou mais amplos da paternidade, porque isso demandaria muito mais tempo. Aqui enfocaremos também duas fases da relação pai-filho(a).

Etapa matriarcal da relação pai-filho(a)

Em nossas observações e em muitas pesquisas, o desejo de cuidar é bastante grande nos homens, desde a gestação, mas em suas palavras aparece que esses cuidados são naturais para a mulher, não para o homem. Embora nos casais jovens de agora haja uma maior participação masculina nas atividades domésticas, na geração anterior (homens de 40 a 60 anos), havia maior resistência (como a participação do pai nos cuidados da gravidez, o pai participante do nascimento, o pai nos cuidados com o corpo do bebê, com sua educação).

Por outro lado, às vezes, há uma resistência da mulher com a participação masculina, não aceitando um jeito masculino de segurar o bebê, de dar banho nele etc. Isso acontece também nos serviços de saúde. Em algumas pesquisas, aponta-se que há uma resistência dos agentes do serviço de saúde em acolher homens que levam e cuidam de seus bebês, um estranhamento. Como se os filhos fossem "propriedade" das mulheres (Rezende; Alonso, 1995).

Conflito triangular pai-mãe-bebê

Para muitos casais, se a relação no casamento for de fusão, a chegada do bebê provoca um conflito, pois há um terceiro na relação (Carter; Mc Goldrich, 2005). Um homem com complexo materno acentuado poderá se abalar, com sintomas depressivos, pela "perda de mãe" na companheira. Podem aparecer conflitos e às vezes a separação conjugal.

Etapa patriarcal

Espera-se nessa etapa que o pai ou cuidador veicule aspectos do arquétipo do Pai, como a introdução de criança no mundo de Logos, a entrada no mundo da linguagem, jogos e disciplina.

A criança deverá aceitar uma interdição ao mundo do Paraíso, da satisfação imediata etc. Isso já se inicia na fase matriarcal e se faz necessário, por parte dos pais, o estabelecimento de ações que introduzam a criança no mundo da realidade objetiva.

No entanto, nem sempre os pais e, no caso, o pai, encontra-se preparado para isso. Em nossa sociedade narcisista e apegada ao imediatismo e à ausência de limites, muitas vezes pai e mãe não se encontram preparados para esse enfrentamento.

Dentre as tarefas educativas que devem ser desempenhadas pelo pai (mas não exclusivamente), podemos citar: as ações de interdição, as que visam o conhecimento do mundo (Logos), como aponta Jung, e ações que preparam a criança para a vivência da autonomia e da interdependência (viver com os outros, conviver).

As ações de interdição são aquelas que fornecem noção de limites para a criança — limites entre a criança e relação de casal, entre criança e seus iguais, entre a criança e mundo. Se o pai construiu essa noção de limite para si mesmo, será capaz de auxiliar o seu filho. Caso contrário, os dois ficarão presos a um estado narcísico. Por exemplo: é muito comum pais que acostumam seus filhos a dormir na cama do casal. Isso pode ser um sinal de falta de limites dos pais frente à criança — a criança não aprende a ter o seu lugar separado dos pais e a não discriminar a relação parental da relação do casal, e o casal vai perdendo sua intimidade e viverá em função dos filhos, comprometendo sua vida íntima de casal, amorosa e sexual.

Uma das maiores queixas dos pais e educadores hoje é a de que as crianças não têm mais limites em sua atenção, não sabendo se disciplinar. As escolas, de 40 anos para cá, agora em menor proporção, passaram de uma educação rígida e severa, para uma educação sem limite, na qual a criança se torna a referência do poder decisório. Essa experiência trouxe mais liberdade para a criança, mas desvalorizou a autoridade legítima dos pais e escola, igualando autoridade e autoritarismo.

Nossa cultura patriarcal, muitas vezes denominada falocrática, é uma cultura na qual os homens têm pouco contato com o Phallos, daí sua extrema deficiência, em exercer sua autoridade e os limites.

É muito importante a escola e os pais ouvirem a criança e o jovem, mas é necessário que não se eximam da função de educar e exercer sua autoridade, nem sempre agradando os filhos e alunos, como impedindo o abuso de comportamentos autoritários e sem nenhuma disciplina. A criança também pode ser autoritária, não apenas pais e professores.

Chang (2023, p. 206) coloca que "estamos vivendo uma época de extrema glorificação do ego", uma modernidade narcísica, onde os laços sociais se romperam e há um extremo individualismo reinante, onde o trabalhador virou um empreendedor e não há muitas políticas econômicas e sociais visando à sua sobrevivência.

Em tal cenário, a figura do pai (_Senex_) torna-se borrada perante a imagem do _Puer_, do novo e do momentâneo. As crianças são educadas para o hoje, e os pais, sem muito tempo para cuidar delas, nas classes ricas, delegam-nas às babás, nas classes médias, à escola e aos familiares, já nas classes menos favorecidas, às creches e ao apoio comunitário, quando existem.

Com o advento dos meios digitais e das redes sociais, logo a criança é colocada nesse sistema, muitas vezes sem um preparo adequado para tanto. Em restaurantes e hotéis, é muito comum os pais abdicarem de sua função educativa e humana, entregando os filhos às máquinas e às suas seduções.

Perguntamo-nos então como é possível colocar limite ao educar uma criança em um contexto tão adverso? Na pandemia, observamos o sofrimento das famílias ao entrar em contato mais profundo com seus filhos. Pais que enfrentaram falta de espaço para a convivência e para as tarefas escolares, crianças que impunham sua forma de alimentação, recusando a cumprir mínimas regras de civilidade. Se, por um lado, a pandemia foi uma oportunidade para pais conhecerem seus filhos, seus aspectos positivos e negativos, muitos sucumbiram ao conflito, apresentando quadros depressivos e ansiógenos, pois não conseguiam colocar limites ou fazer acordos com seus filhos, abdicando de seu poder de autoridade.

O poder de Phallos é o poder da autoridade e Monick (1993) assinala que ele é a representação sagrada do masculino. As ações de interdição pedem que o pai tenha uma atitude dialógica e propositiva. Muitas vezes, o poder fálico é reprimido, advindo duas atitudes prejudiciais: ou o ego paterno se torna fraco, perdendo sua autoridade, ou é tomado por Phallos, tornando o pai tirano, machista e autoritário.

Por isso, faz-se importante a relação do pai com o poder fálico, podendo ter uma atitude não impositiva, mas direta e esclarecedora, colocando sua agressividade de forma relacionada, transformando-a em uma presença propositiva.

No entanto, o pai deve veicular também os laços agregadores do Logos, o espírito, que vai introduzir a criança no universo de conhecimentos, de lei e regras de funcionamento do mundo.

O pai será, nessa fase, o herói para a criança, o herói patriarcal e idealizado. De acordo com Colmann e Colmann (1990), os filhos projetarão no pai as imagens de deuses e heróis, de demônios e figuras maléficas. Por isso os pais são figuras de proteção, mas também produtoras de medo, já que são projetadas neles imagens sombrias.

O que tem se observado, nas pesquisas e no atendimento aos pais, é que, em geral, a função disciplinar fica bastante com as mães. Em vários casos a mulher casada ou a separada/divorciada carrega, além do cuidado indireto (provedora), o cuidado com a casa, ficando sobrecarregada com tantas atividades.

Nesses casais, o homem colocando-se como provedor, aquele que trabalha 12 horas por dia, exime-se da função do cuidado direto e, na casa, torna-se mais um parceiro de brincadeiras com a criança ou mais um filho. Assim, podemos ter na casa um homem sem voz, sem Phallos, e uma mulher sobrecarregada que se queixa, mas não se liberta, o que teria que ser feito no diálogo com o homem.

O pai na adolescência dos filhos

Na adolescência dos filhos, ocorrem, em geral, duas crises concomitantes: a crise da adolescência dos filhos e a crise do início da segunda metade da vida dos pais. Duas crises em sincronicidade.

Até o meio da vida, o ego masculino tem a concepção de que é o centro da psique, possibilitando ao indivíduo sua afirmação e adaptação no mundo. No meio da vida, essa concepção tende a falhar — conflitos na conjugalidade, trabalho tedioso e repetitivo e perdas impõem a ele uma revisão de vida (Faria, 2020).

Essas crises concomitantes, a da adolescência e a do início da segunda metade da vida, fazem com que o homem se volte para si mesmo e comece a se questionar e a se sentir em conflito: como vai prosseguir, daqui para a frente? No filho adolescente, de seu lado, há o questionamento da imagem heroica do pai. O bom menino torna-se um questionador crítico. Do outro lado, o pai vê-se destronado do seu pedestal. A persona do herói e a do filho(a) do herói se desfazem e ambos começam a entrar em contato com seus aspectos sombrios. Segundo Colmann e Colmann (1990), ocorre então um estranhamento entre pais e filhos, que eles denominam de alienação.

Esse momento difícil poderá ser rico, na medida em que ambos podem ir perdendo a idealização de si mesmos. A perda da imagem ideal faz o pai muitas vezes entrar em contato com seu lado sombrio, autoritário e ao mesmo tempo frágil. Muitas vezes, ele começa a tentar entender essa mudança no(a) filho(a), a regredir para a própria adolescência e para o conflito com seus próprios pais.

Em nossa pesquisa de doutorado, com pais iniciando a segunda metade da vida, os pais tinham com a geração anterior um padrão de relacionamento baseado na submissão/revolta não elaborada. Sentiam-se submissos aos pais. O embate com os filhos adolescentes os fez ter consciência desse padrão. Quando adolescentes, tinham um pai distante, afetiva e corporalmente, e autoritário. Embora tivessem um desejo de aproximação afetiva com seus filhos, às vezes tornavam-se submissos ou tiranos em relação a eles.

À dificuldade em colocar limites para os filhos subjazia o não conseguir vivenciar seu lado fálico de forma relacionada, dificuldade de dizer não e de enfrentamento. Um outro aspecto importante a ser assinalado na relação pai e filhos é a relação afetiva com os filhos. O padrão até os anos 70 se referia ao distanciamento da relação corporal e de proximidade. Pelas pesquisas atuais e pelo atendimento aos pais hoje, observamos pais mais próximos, mais amorosos.

Mesmo assim, existe uma grande dificuldade de os pais perceberem a criança e o adolescente como são em seus diversos contextos. Essa escuta aberta e clara possibilitaria a eles perceber os si-mesmos dos filhos. Desde o seu nascimento, cada criança é única e já traz a semente de sua individuação.

Jung coloca muitas vezes que pai e mãe projetam em seus filhos não apenas seus aspectos sombrios, mas aspirações não realizadas. Muitas vezes, a criança e o adolescente não são vistos em seu desejo legítimo e são preparados desde a pré-escola para um "futuro brilhante", muitas vezes oposto aos seus si-mesmos.

Aceitar a criança ou o adolescente significa ouvi-los, ter empatia pela sua alegria e pelo seu sofrimento, proporcionar-lhe proteção, mas também autonomia, saber brincar e ter humor, conter sua angústia, mas também permitir o seu voo, desde os primeiros passos. Provavelmente isso se consegue, pela experiência clínica, a aceitar e libertar nossa criança interior, ter contato com suas feridas e superá-las ou cuidar delas.

Na adolescência e juventude, a meta é que o pai possa ser revitalizado com o aspecto Puer do filho e o filho Puer possa começar a integrar seu aspecto Senex rumo à vida adulta. Esse tipo de vivência ou de troca foi constatado por nós na análise do filme *Don Juan de Marco* (Faria, 2020).

Segundo Monick (1993), na segunda metade da vida, o homem deverá deixar de se identificar totalmente com seu intuito fálico (...) para integrar o feminino, que desde a infância lhe inspirava o temor de ser mulher e feminino. Isso influenciará a possibilidade de contato com seu sentimento, suas emoções, com sua capacidade de relacionamento, vulnerabilidade e empatia.

REFERÊNCIAS

ALMEIDA, B. *Paternidade e masculinidade em transformação*. Mestrado em Psicologia. São Paulo: Instituto de Psicologia, USP, 2007.

CHANG, Franklin. Budismo e modernidade narcísica. *In* GAETA (org.), *Jung na clínica: complexos*. Selo editorial, 2023.

COLMANN, A. D.; COLMANN, L. *O pai - mitologia e papéis em mutação*. São Paulo: Cultrix, 1990.

FARIA, D. L. *O pai possível* – conflitos da paternidade contemporânea. São Paulo: Educ: Fapesp, 2003.

FARIA, D. L. *Imagens do pai e do masculino na clínica e na cultura*. Curitiba: Appris, 2020.

MCGOLDRICH, M. A união das famílias através do casamento: o novo casal. *In*: CARTER, B.; MCGOLDRICH, M. (org.). *As mudanças no ciclo de vida familiar*. Porto Alegre: Artmed, 2005. p. 2016-230.

MONICK, E. *Falo* – a imagem sagrada do masculino. São Paulo: Cultrix, 1993. p. 2016-230.

REZENDE, A. L. M.; ALONSO, I. L. K. O perfil do pai cuidador. *Revista Brasileira para o crescimento e desenvolvimento humano*, São Paulo, v. 5, n. 1-2, p. 51-72, 1995.

ZOJA, L. *O pai* – história e psicologia de uma espécie em extinção. São Paulo: Axis Mundi, 2005.

3

Dança flamenca: oportunidade de conexão e expressão da alma

Cristiane Adamo

A arte simboliza o significado de nossa existência.
(Tarkovsky, 1987, p. 192)

No exercício da clínica junguiana contemporânea, cada vez mais estão sendo descobertas e exploradas novas ferramentas que permitem às pessoas se conhecerem melhor; são variadas atividades que podem auxiliar na ampliação da consciência e no processo de análise. Essa tendência levou ao desenvolvimento de novos olhares e compreensões sobre os diferentes caminhos que levam ao autoconhecimento e ao aprofundamento em si, além de influenciar e colaborar com o processo de desenvolvimento da personalidade. Várias modalidades de arte fazem parte desses outros recursos que precisam ser mais profundamente estudados, entre elas está a dança.

Apesar de existirem alguns estudos que evidenciam benefícios de intervenções que utilizam a dança para diferentes populações, muito pouco foi encontrado que aborde a prática da dança flamenca. Até onde me foi dado conhecer, não encontrei pesquisas no campo junguiano voltadas para esse tema. A lacuna encontrada nos estudos sobre a relação do flamenco, a vivência das mulheres com a dança e os aspectos psicológicos que podem ser mobilizados, juntamente com a inexpressiva quantidade de artigos que abordam a relação dessas variáveis na atualidade, justificam o meu interesse por esse tema.

Realizei no ano de 2021 uma dissertação de mestrado no Programa de Pós-Graduação em Psicologia Clínica da Pontifícia

Universidade Católica de São Paulo, especialmente para pesquisar questões relacionadas à vivência das mulheres com a dança flamenca e os aspectos afetivo-emocionais que podem ser mobilizados a partir dessa experiência. Desse modo, o trabalho "Mulheres, dança flamenca e psicologia analítica" teve por objetivo geral investigar os possíveis aspectos psicológicos envolvidos na vivência da dança flamenca em mulheres na faixa etária entre 40 e 60 anos.

A pesquisa foi exploratória e o método foi qualitativo, ou seja, privilegiou um olhar para os significados e símbolos expressos nos relatos das participantes: oito mulheres que praticavam a dança flamenca há mais de um ano. O método utilizado ancorou-se na perspectiva da psicologia analítica, que tem por objeto de investigação a psique humana em suas relações com a vida (Penna, 2013). A pesquisa procurou favorecer a compreensão dos eventos vividos e a construção de conhecimentos e significados acerca das vivências pessoais das mulheres entrevistadas.

As produções artísticas e os processos criativos são de grande interesse para a psicologia analítica, uma vez que decorrem de uma atividade psíquica essencial e do potencial criativo inerente ao ser humano. De acordo com Jung ([1946] 1991b), a vivência das imagens simbólicas — manifestações de conteúdos inconscientes — pode se dar por meio das várias formas de expressão criativa, como a escrita, a escultura, a pintura, o desenho, o movimento e, também, a dança. A criatividade é um elemento fundamental para o desenvolvimento da consciência individual, ao colocar o artista em contato profundo com um lado que não é racional. Além do que, as manifestações artísticas podem apontar um novo símbolo para uma pessoa em especial (artista) ou para toda uma sociedade, ou seja, trazer algo novo também para a consciência coletiva e expressar aquelas formas das quais a época mais necessita (Jung, [1922] 2012).

Todas as artes contribuem para a arte de viver (Brecht, 1957). As pessoas que fazem esse percurso da imaginação, vivenciam uma experiência diferente que pode influenciar a maneira de perceber a si mesmo, o mundo à sua volta e os relacionamentos. A produção artística torna-se uma linguagem capaz de veicular as informações necessárias para um processo de transformação, no qual a arte é uma importante fonte de significado que pode desempenhar uma função essencial em termos de ampliação da consciência tanto individual, quanto coletiva. No entanto, as qualidades simbólicas da arte ultrapassam o limiar da consciência e, por meio do processo criativo, articulam-se à profundidade do inconsciente, além de promover a integração de diferentes dimensões e possibilitar o "diálogo" entre: o corpo e a alma; o físico e o psíquico; ou mesmo, entre a realidade e a fantasia.

Breve reflexão sobre dança

A dança é uma das primeiras e mais antigas formas de expressão da humanidade. Devido a seu caráter universal, marcou presença durante o desenvolvimento dos mais diversos povos e tradições, tendo acompanhado a evolução do ser humano.

A existência pré-histórica da dança pode apenas ser presumida, mas, na medida em que os eventos humanos passam a ser registrados, é possível encontrar menções e representações associadas à dança entre os primeiros relatos de mitos, bem como em esculturas e pinturas em cavernas. Acredita-se que a dança tenha sido sempre parte integrante de rituais em homenagem aos deuses e de ritos propiciatórios, nos quais era invocada a proteção para a caçada, as colheitas e as várias batalhas pela sobrevivência.

O surgimento das danças em grupo possibilitou o início dos rituais religiosos, nos quais as pessoas faziam também agradecimentos ou pedidos aos deuses e foi "uma necessidade interior, muito mais próxima do campo espiritual que do físico, o que motivou o homem a dançar utilizando-se do movimento como um veículo para a liberação de sua vida interior" (Bertoni, 1992, p. 32). A dança serviu como veículo de ligação do ser humano com ele próprio, com a natureza e com o divino. As pessoas dançavam para tudo o que tinha um significado em sua existência e era por meio da dança que expressavam seus desejos e emoções.

Presente na cultura de muitas civilizações, a dança adquiriu sentidos, características e significados próprios em cada contexto, refletindo a verdade cultural e social de cada povo em diferentes épocas. Eram representadas características em relação aos costumes, à religião, às crenças, condições econômicas e geográficas, bem como o modo de vestir, a história e o nível de evolução alcançado em cada forma de dançar (Ossona, 1984). A dança não só acompanhou o caminhar da história, mas também se transformou de acordo com o momento histórico e cultura vigente. Ainda hoje continuam a surgir variadas modalidades de dança atendendo à necessidade de expressão e comunicação humana.

Considerações gerais sobre o flamenco

Conhecer as principais características da arte flamenca pode auxiliar a compreensão de sua essência e suas técnicas, assim como a reflexão sobre os fenômenos psíquicos mobilizados na vivência com a dança.

O flamenco é um estilo de dança que nasceu da necessidade de uma população se expressar (Cuellar-Moreno, 2016), sendo um elemento característico da cultura espanhola, particularmente da Andaluzia, que fica no sul da Espanha. As investigações e estudos realizados tornam difícil definir claramente as verdadeiras origens do flamenco. Sua história remonta a aproximadamente 250 anos atrás, embora suas raízes reais possam recuar ainda mais no tempo (Navarro, 1993). As influências de diferentes culturas e grupos étnicos podem ser encontradas em sua origem, principalmente de ciganos, judeus, mouros e andaluzes. Formaram grupos sociais de baixa renda, marginalizados em razão do preconceito e da discriminação que frequentemente vivenciavam, pois as elites culturais consideravam o flamenco rude, vulgar e fonte de constrangimento. As comunidades dos grupos desfavorecidos se encontravam e compartilhavam suas experiências, dificuldades e tristezas principalmente pelo canto e, assim, acabaram por criar uma forma de expressão artística que representava, ecoava e processava o sofrimento deles por meio da arte.

A dança flamenca também surgiu espontaneamente e acredita-se que os participantes dos encontros, possuídos por sentimentos intensos e fortes emoções, apenas começaram a se movimentar em sintonia com a música, dançaram estimulados pelo som, encontrando mais uma forma de externar as emoções. O flamenco floresceu e, durante muito tempo, foi uma tradição oral sem qualquer registro formal, passada de geração em geração. É um costume transmitido na maioria das vezes de mãe para filha.

A arte flamenca cativou primeiramente os estrangeiros e, por fim, conseguiu alcançar status privilegiado entre a nova geração de proeminentes artistas e compositores espanhóis. Foi especialmente no século XIX que o flamenco realmente começou a ganhar evidência e importância entre outras danças espanholas, conquistou espaço até mesmo nas escolas. Anteriormente, era executado principalmente em quintais, feiras livres e salões privados em festas (Ropero, 1995). A França contribuiu muito para a crescente popularidade do flamenco. Paris, antes da 1ª Guerra Mundial, era o epicentro cultural do mundo e considerada a "capital da modernidade". Foi ali que aconteceram, entre 1855 e 1900, cinco mostras internacionais — Expo — que contaram com a participação da Espanha dentre os países expositores. O flamenco apareceu quase casualmente e de forma modesta na Expo de 1867, mas foi somente a exposição de 1878 que revelou essa forma artística a um público que se tornou entusiasta da dança. Desde os anos 1870, a dança flamenca tornou-se amplamente conhecida e praticada em todo o mundo e conquistou o reconhecimento como um dos principais símbolos da identidade nacional espanhola. Portanto, o flamenco é um fenômeno cultural e artístico e está, atualmente, inserido no ambiente globalizado. Tornou-se uma febre no Japão.

Em 2010, o flamenco alcançou um status nunca imaginado, tendo sido declarado Patrimônio Imaterial da Humanidade pela Unesco, fato que contribuiu ainda mais para a propagação do estilo na atualidade (Cuellar-Moreno, 2016). Talvez o caso mais ilustre de divulgação da arte flamenca tenha sido a ópera Carmen (1875), de Georges Bizet. Por sua vez, o lançamento da adaptação cinematográfica da ópera pelo diretor Carlos Saura tornou o flamenco mundialmente conhecido em um curto espaço de tempo.

Entre as principais características encontradas na arte flamenca, é importante destacar que, na cultura tradicional, ela é composta pela junção de três modalidades artísticas, a dança, o *cante* (canto) e a música e todas essas formas de arte estão inter-relacionadas. Tradicionalmente, o baile flamenco é realizado com música ao vivo e possui uma grande variedade rítmica e de movimentos, que caracterizam os diferentes gêneros ou estilos (*palos*) da dança. Durante o baile, a *bailaora*, o cantor e os músicos dialogam artisticamente e existe uma estrutura de baile que é respeitada por todos, na qual cada artista tem o momento de expressão de sua arte.

Cada *palo* (estilo) possui origem, especificidade, significado e forma que diferem segundo a área geográfica da Espanha. Está ligado a um determinado tema, que não só tem a influência das características específicas da cidade ou província de origem, mas também está associado a um padrão emocional e estimula o contato com diferentes tonalidades afetivas. Como nas cidades próximas ao mar, é comum encontrar temas relacionados às chegadas e partidas de pessoas significativas (pais, maridos, filhos) e suas consequentes emoções de felicidade, tristeza ou mesmo solidão. Os *palos* (diferentes estilos) frequentemente expressam um afeto particular e podem envolver alegria, exuberância, confiança, separação, insegurança, solidão, medos e receios, entre tantos outros (Ede, 2014). Portanto, os variados estilos e ritmos trabalham diferentes aspectos e qualidades afetivo-emocionais relacionados à diversidade da existência humana.

No baile, é a *bailaora* que impõe o ritmo da apresentação, de acordo com a velocidade com que realiza os movimentos e principalmente o sapateado, sendo seguida pelos músicos. No início da música, acontece a "chamada" que normalmente é realizada pela *bailaora* por meio dos sapateados. Quando o intérprete começa a cantar, são realizados movimentos mais suaves com os pés e movimentos circulares e delicados com o corpo e braços. À medida que a dança prossegue, a bailarina impõe o ritmo, com a velocidade com que realiza os movimentos do sapateado. No diálogo assim estabelecido e que envolve os músicos e o cantor, a bailarina é seguida por ambos. A percussão sempre está presente no flamenco, com a função essencial de prover a base rítmica. A maioria dos estilos é acompanhada por palmas.

A dança flamenca tem uma grande variedade musical, rítmica e de movimento, o que lhe confere grande potencial expressivo. Além disso, segundo Ruano (2004), dançar o flamenco pode ser visto como uma ferramenta libertadora de energias e atitudes, um suporte básico para trabalhar as emoções e desenvolver bem-estar e autoestima saudável. O baile flamenco, de todas as disciplinas artísticas, é considerado um dos mais expressivos, pois contém componentes que o definem como uma linguagem de dança com enorme potencial emocional e comunicativo.

Aprender a dançar o flamenco requer habilidades motoras que envolvem técnica e movimentos de diversas partes do corpo (cabeça, braços, mãos, dedos, tronco, cintura, quadris, pernas e pés), que funcionam simultaneamente em uma linguagem que exige expressão artística e ritmo. A postura é fundamental para quem dança, as expressões faciais se modificam, de acordo com o *palo* (estilo) e emoção representada, compondo o conjunto artístico. Tudo junto e misturado, muitas partes do corpo trabalhando simultaneamente e em harmonia, principalmente com a música. Portanto, dançar flamenco é uma forma de arte que envolve a pessoa por inteiro. Pode-se dançar com qualquer idade e corpo. É possível dançar sozinha, em casal, dupla, trio ou mesmo em grupo. A dança pode ser suave, sensual ou mais intensa, forte. É necessário um calçado apropriado, com pregos cravados na ponta da sola e no salto, para auxiliar o som do sapateado. Eles possuem variações de cores, modelos, diferentes alturas e tipos de salto. Os trajes também possuem uma característica marcante e específica. Os lindos vestidos e saias longas normalmente fazem parte do ritual da dança e estampas com bolas são frequentes no figurino flamenco. Os acessórios são muito importantes e existe a possibilidade de dançar com vários deles (leques, *mantón*, castanholas), o que enriquece o caráter cênico da dança.

No flamenco, o corpo também é utilizado como instrumento de percussão: o bater o pé no chão, as palmas, o estalar de dedos e as castanholas participam ativamente do ritmo e vibram literalmente em harmonia com ele. As expressões são marcantes durante o baile e, apesar de realizar os mesmos movimentos, cada *bailaora* tem um jeito único, uma maneira particular de sentir, expressar e dançar. Há espaço para a individualidade, pois o flamenco não só permite como estimula a interpretação particular.

Dança, corpo e psique

> O que dizer de um grande bailarino, que transforma o corpo em espírito, que faz um gesto comum virar um ritual poderoso? A dança transforma biologia em uma metáfora do corpo espiritual da mesma maneira que a poesia transforma palavras comuns em formas que permitem significados que as palavras normalmente não podem exprimir (Highwater, 1992, p. 218).

A dança é uma expressão artística em que o corpo tem um papel preponderante. Durante a dança e os movimentos em geral, partes do corpo são ativadas, músculos se contraem ou se estendem e podem trabalhar em conjunto ou separadamente. O corpo e suas partes são usados para executar as ações, as posturas, os gestos ou uma sequência de movimentos (coreografia) com todas as suas potencialidades e limitações individuais. Nos seres humanos, o movimento está sempre atrelado ao corpo, o veículo que possibilita a sua realização, é por meio dos movimentos que o corpo pode se expressar, deslocar e atuar no mundo. Enquanto estamos vivos, nada do que fazemos pode ser feito fora do corpo.

A relação entre o corpo e a psique, da mente com a matéria, sempre intrigou Jung, que se dedicou profundamente a compreender empiricamente a inteireza corpo-alma. Ele partiu do princípio de que corpo e psique são dois aspectos da mesma realidade.

> Como a psique e a matéria estão encerradas em um só e mesmo mundo e, além disso, se acham

permanentemente em contato entre si, e em última análise se assentam em fatores transcendentes e irrepresentáveis, há não só a possibilidade, mas até mesmo uma certa probabilidade de que a matéria e a psique sejam dois aspectos diferentes de uma só e mesma coisa (Jung, [1958] 1991a, p. 418).

O corpo é a parte visível e concreta da psique. "O espírito é a vida do corpo, vista de dentro, e o corpo é a revelação exterior da vida do espírito, [...] formam uma unidade e não uma dualidade" (Jung, [1961] 2013, p. 195). A dança, ao envolver ambas as dimensões (física e subjetiva), possibilita estimular a ampliação da consciência sobre o corpo e, simultaneamente, auxiliar na percepção das emoções e mundo interno.

Devemos sempre pensar em uma consciência corporal, "onde há tecido nervoso há consciência" (Boechat, 2017, p. 11). Vivências ao longo da vida estão armazenadas nas reações instintivas da matéria orgânica e, nas funções do corpo, está incorporado um conhecimento vivo. É relevante entender a memória corporal como uma possibilidade de acesso do ego ao inconsciente. Em outras palavras, o corpo pode ser um decodificador de processos internos e desconhecidos (inconscientes). Para Ramos (1994), o corpo humano é visto como uma rede de sistemas informativos: genético, imunológico, hormonal, entre outros e cada um desses sistemas transmite informações que devem ser enviadas aos demais. Dessa maneira, os trabalhos corporais tanto funcionam para oferecer ao corpo alguns estímulos, quanto para desbloqueá-lo e permitir que ele se expresse mais livremente. Durante uma dança, é importante observar as paralisias, as dificuldades e os estancamentos que estão no corpo e trabalhar em busca de superação, a fim de fazê-los entrar em movimento, circularem, o que requer a relação com o ego.

Ao movimentar o corpo na dança, somam-se vários benefícios, entre eles o corpo pode ser um canal eficiente de comunicação, ao colocar a energia em movimento e expressar os sentimentos. A dança propicia uma vivência que promove a ampliação da consciência corporal e, simultaneamente, possibilita intimamente o diálogo e a conexão com processos dinâmicos da psique. Consequentemente, beneficia o equilíbrio psicológico e emocional, além de favorecer o autoconhecimento. Dançar torna-se um instrumento tanto de comunicação quanto de relacionamento. "A arte, em suas muitas formas, dá voz à alma" (Wallingford, 2009, p. 2). A movimentação, gestualidade e maneira particular de se expressar, junto com a imaginação e criatividade que fazem parte da estrutura da dança, representam uma forma de revelar aspectos da individualidade e uma oportunidade de conexão com algum conteúdo pessoal interno esquecido ou desconhecido.

Dessa maneira, por meio do trabalho na dimensão corporal, tem-se mais uma oportunidade de encontrar um caminho de relacionamento com a profundidade do ser, suas memórias, desejos e conhecimentos. Portanto, o corpo não deve ser entendido como um amontoado de matéria inerte, mas como um sistema material realmente pronto para a vida e que torna a vida possível com a condição, porém, de que está intimamente ligado a um princípio vital, a psique. O movimento do corpo permite criar, trocar com o mundo e revelar a alma. É o corpo que fala, ri, chora, canta e dança. O artista pode expressar, por meio da sua arte, a visão interior do ser humano, da vida e do mundo; e todo artista, consciente ou inconscientemente, expressa sua experiência emocional particular diante de todas as possibilidades existentes.

Dança flamenca e psicologia analítica

O funcionamento da psique, para a psicologia analítica, é compreendido em sua capacidade criativa e de constante transformação. A atenção permanente ao aspecto criativo da psique era uma ideia fundamental de Jung, que ele validou tanto para a psicoterapia como para a vida cotidiana. De acordo com a teoria junguiana, a arte atenderia à necessidade de expressar, compreender e integrar novos conteúdos psíquicos, que podem tanto ser individuais quanto coletivos. Dessa maneira, os processos artísticos propiciam uma maneira de o ego "trabalhar" e "dialogar" com o inconsciente. Assim, o artista veicula os símbolos emergentes, mesmo sem intenção de fazê-lo, e pode, por meio de seu trabalho, revelar a compensação inconsciente, de um tema ou crença que se encontra consolidado, rígido e polarizado, que pode não dizer respeito unicamente a si, mas a toda uma época. Nesse sentido, o processo criativo é um meio de autorregulação da psique (Jung, [1922] 2012), por meio da transformação e abertura para a representação criativa de uma nova ideia e inspiração.

A arte da dança envolve a integração fisiopsíquica e, consequentemente, estimula e auxilia um relevante diálogo interior: consciente e inconsciente; psique e matéria. O diálogo entre a consciência e o inconsciente estimula a manifestação de aspectos inconscientes. Essa relação (consciente e inconsciente) favorece o processo de autorregulação da psique e a busca do equilíbrio, evitando a unilateralidade da consciência e a fixação de alguns conteúdos psíquicos. Em outras palavras, a dança aparentemente permite que as pessoas dialoguem com o outro interior e se aprofundem na experiência de encontro consigo mesmas, fortalecendo aquilo que, para a teoria junguiana, constitui o eixo ego-Self (consciente-inconsciente). Dessa maneira, dançar o flamenco pode mobilizar a energia psíquica, levando as *bailaoras* a se conectarem mais profundamente ao seu mundo interior; esse mergulho oferece a oportunidade de elas entrarem em contato com outros lados seus e essa relação as conduz em direção à totalidade de si.

A psicologia analítica compreende o mundo e o ser humano a partir da noção de totalidade psíquica, segundo a qual consciente e inconsciente integram o mundo interno e externo, abarcando aspectos pessoais e coletivos numa dimensão simbólica (Penna, 2013). Com isso em mente, a função da dinâmica entre a consciência e o inconsciente consiste em manter o sistema psíquico unido e em equilíbrio. A sua meta é a unidade. E mesmo sem se darem conta, as mulheres são incitadas e envolvidas nesse processo psicológico ao longo da vivência com a dança flamenca.

Ao contatar seu mundo interno, elas têm a oportunidade de descobrir novos aspectos do feminino, explorar novas formas de ser mulher e, dessa maneira, acessar potenciais até então desconhecidos ou adormecidos. Entretanto é relevante a continuidade do processo, com a necessária elaboração simbólica e a integração do novo conteúdo pelo ego, o que permite a ampliação da consciência e, consequentemente, proporciona o aumento do autoconhecimento. Caracteriza-se, assim, um movimento prospectivo rumo à totalidade do ser. Esse processo lhes permite descobrir a própria força e as leva a se apropriar de novos recursos internos, fazendo, muitas vezes, com que se sintam empoderadas e se arrisquem a novas aventuras na vida, com outra postura e ritmo.

Contudo, especialmente na dança flamenca, a possibilidade de a dança estar associada a diferentes modalidades emocionais, em que cada *palo* está "contando" uma história existencial e é ligado a uma emoção específica, pode favorecer o reconhecimento dos próprios sentimentos, dado que a dança flamenca não só permite, como inspira os movimentos a não se limitarem à realização de gestos mecânicos, mas a se constituírem como um importante meio de expressar as emoções.

Outro fator relevante é que no flamenco há mais de uma modalidade artística, o que faz com que sejam contemplados simultaneamente vários e diferentes estímulos e, desse modo, há uma intensa mobilização psíquica que ocorre durante a dança. Os diferentes elementos — a música, a canção (*cante*) e a dança (*baile*) se encontram entrelaçados na arte flamena. De acordo com Wallingford (2009), há uma experiência de unidade e integridade quando diferentes artes se entrelaçam para criar harmonia, isto é, na dança flamenca somam-se as potências de duas outras artes, a música e o canto e, consequentemente, agregam-se as possibilidades de mobilização da dinâmica psíquica. Esse processo permite que a *bailaora* se conecte, simultaneamente, a mais de um dos aspectos que fazem parte da pluralidade da psique (dimensão física e psíquica), em um movimento de integração.

Durante uma dança, afetos, emoções e sensações de todos os tipos são constantemente percebidos e registrados pelo corpo e pelo ego. Por meio da dança, podem ser despertados sentimentos agradáveis, como a sensação de força, segurança, clareza, alívio, equilíbrio, mas também outros mais difíceis, como tristeza, dores, raiva, angústia, ansiedade, entre outros sentimentos, na relação dinâmica com a psique (Chodorow, 2007).

Além dos aspectos já mencionados, a dança flamenca especialmente propicia o encontro e conexão com o potencial criativo de cada uma, favorece entrar em contato com a criatividade e abarca a imaginação, a intuição, a emoção e a sensibilidade, elementos esses associados à música, à dança e às artes em geral. Nesse sentido, a prática do flamenco pode propiciar à mulher as condições necessárias para a reconexão com várias dessas funções ou possibilidades psíquicas que, até então, podem ou não ter estado a serviço da consciência.

De acordo com Hayes (1959), a animação é uma alteração muito comumente produzida pela dança. A dança é uma atividade lúdica que estimula a alegria, além de aparentemente oferecer uma oportunidade de contato com a força vital que é tão revigorante. Durante a experiência da autora com grupos de dança, ela observou que, muitas vezes, as pessoas pareciam cansadas ao iniciar a aula logo após o trabalho e, mesmo depois de uma hora de atividade física bastante extenuante, iam embora animadas, tonificadas, com algo vital recuperado. Nesse processo, o ego desempenha um papel relevante.

Em síntese, parece que a dança flamenca, quando praticada com regularidade, pode ser aproximada a um processo de autodescoberta, capaz de ser viabilizado por meio de uma forma de arte que possibilita a conexão com o que há de mais profundo no ser humano. O flamenco torna-se, assim, uma oportunidade de busca pelo desenvolvimento pessoal e pela integridade, tão valorizados na teoria junguiana. Oferece uma relevante oportunidade de desenvolvimento psicológico, à medida que se mostra como mais uma ferramenta que auxilia e age como catalisadora do processo de desenvolvimento e evolução pessoal. O flamenco trabalha com as emoções mais brutas, mais à flor da pele. A emoção é a base da psique. Sem a emoção, não ocorre a transformação.

Frases das mulheres entrevistadas na pesquisa

Por meio das vivências pessoais significativas com a dança e suas respectivas emoções, entre elas a escolha pelo estilo flamenco, as mulheres que participaram da pesquisa da dissertação do mestrado "Mulheres, dança flamenca e psicologia analítica", encontraram um momento de reflexão e aprofundamento em suas experiências.

Cabe lembrar que a pesquisa teve como participantes oito mulheres na faixa etária entre 40 e 60 anos que praticam a dança flamenca regularmente há mais de um ano, pelo menos duas vezes por semana. O número de participantes foi definido pelo método de saturação, quando, a partir das entrevistas, verificou-se a repetição de temas.

A seguir, as participantes são brevemente apresentadas, por meio de dados relativos à idade e à profissão. As mulheres são identificadas por nomes fictícios, de modo a manter o sigilo de suas identidades.

Quadro 1 – Participantes entrevistadas

Participantes	Amparo	Carmen	Eva	Juana	Laurita	Lola	Margarita	Niña
Profissão	Figurinista de moda e consultora de imagem e estilo	*Bailaora* e professora - produção de eventos coreografia e direção artística	Terapeuta ocupacional. *Bailaora* e professora de dança	Gestora de desenvolvimento humano	Psicoterapeuta – Hipnoterapeuta	Enfermeira	Cirurgiã dentista	Médica - endocrinologista
Idade	49 anos	55 anos	45 anos	56 anos	60 anos	52 anos	60 anos	43 anos

Fonte: elaborado pelo autores.

Gostaria de dar voz a essas mulheres que, apesar das demandas da vida adulta, conseguiram incluir a dança em suas rotinas e corajosamente se entregaram à arte do flamenco. Elas revelaram o caráter revigorante e a importância desse espaço em que podem se dedicar exclusivamente a si mesmas.

As frases narradas pelas participantes possuem uma grande correspondência simbólica com o conteúdo do capítulo e, até certo ponto, com os conceitos teóricos da teoria junguiana que embasam o estudo.

A dança flamenca traduz no corpo muitos sentimentos. São letras sofridas, letras também alegres, mas muito profundas. O flamenco tem muito de despedida, de partida, de perdas, de paixões. [...] Esses sentimentos me trazem para o flamenco. Na verdade, essa questão de o flamenco ser essa mistura de emoções me pegou (Niña) (Adamo, 2021, p. 100).

A dança ajuda você ir em direção ao mais profundo em você (Eva) (Adamo, 2021, p. 113).

Quem consegue captar de fora enxerga que é alguma coisa muito séria que acontece ali, é uma verdade, eu expresso a minha verdade. É uma verdade muito profunda e quando eu acesso o flamenco, eu acesso a minha verdade (Amparo) (Adamo, 2021, p. 114).

É justamente esse trabalho de você se dedicar a você, desfocar daquilo que está te incomodando e focar ali na aula, colocar a emoção para fora. Quando você vê, se *transformou*. [...] *Expressando essas emoções te depura. Dançar flamenco é uma depuração.* [...] *Você transmutou aquilo que estava dentro de você. Continua com aquele problema, mas consegue olhar de forma diferente.* [...] *O flamenco me trouxe mais serenidade, mais equilíbrio em lidar com as situações que emocionalmente me afetam. Eu preciso do flamenco porque me equilibra* (Juana) (Adamo, 2021, p. 11, 113, 119 e 121).

Dançar flamenco ajuda a definir um perfil do feminino, muito forte e marcante, da força da mulher. [...] Foram

> *muitas as transformações que eu vivi com a dança. Por exemplo, eu era mais cordata do que eu sou hoje – eu fui me transformando. [...] Você passa a ser uma pessoa que briga e luta mais, se impõe mais, tem transformações enormes. O flamenco muda a personalidade* (Margarita) (Adamo, 2021, p. 120, 121 e 122).

Os relatos demonstram que cada participante, ao vivenciar a dança flamenca, encontrou um caminho para trabalhar com o corpo e, ao mesmo tempo, relacionar-se consigo mesma em um nível mais profundo. As informações levantadas revelam os diferentes benefícios proporcionados pela prática contínua do flamenco e ressaltam a oportunidade de autoconhecimento que a dança oferece.

Cabe enfatizar, no entanto, que a amostra desta pesquisa foi pequena e a importância de outros estudos que conduzam a mais análises sobre o flamenco e permitam reforçar como a prática da dança pode representar uma ferramenta criativa de construção de conhecimento e conexão pessoal. Muitas questões podem ser revistas e analisadas sob diferentes perspectivas e, à medida que aprofundamos a reflexão sobre um tema, multiplicamos as analogias possíveis e, então, podemos encontrar mais de uma explicação ou compreensão que faça sentido.

Aqui, deixo um convite ao leitor que de alguma maneira se sentiu tocado pelo tema, a se entregar e buscar novos conhecimentos, seja por meio da prática da dança, de um estudo ou pesquisa, o convite é para se aventurar e ter suas próprias experiências no contato com o flamenco. A inspiração pode ser encontrada nessas mulheres que, por meio da dança, acreditam tornarem-se mais disponíveis ao fluxo da vida, em um mundo em que ir em direção ao mais profundo de si, ou dar voz aos desejos íntimos, continua sendo um grande desafio.

Considerações finais

Para concluir, na clínica contemporânea, há muito ainda a ser estudado e explorado sobre as possibilidades e ferramentas que permitem às pessoas se conhecerem melhor, novos olhares e atividades que podem auxiliar na ampliação da consciência e no processo de análise. A dança flamenca representa mais um importante recurso, uma possibilidade de conexão consigo mesmo, com o outro e com o mundo; um instrumento de união entre o corpo e a psique que está ao nosso alcance.

A expressão de estados emocionais pelo movimento é muito característica da dança flamenca e a interação do corpo com as emoções que caracterizam cada *palo* (estilo) favorece a relação dinâmica entre a consciência e o inconsciente, o que parece contribuir para o processo de autorregulação psíquica. Dançar o flamenco pode ampliar o autoconhecimento, estimular o desenvolvimento psicológico e o movimento da psique em direção à totalidade do ser, por meio da oportunidade de integração de diferentes aspectos que, ao longo do desenvolvimento pessoal, foram deixados de lado, esquecidos, reprimidos ou relegados à sombra. A dança parece auxiliar no acesso às memórias e aos conhecimentos que estão tanto no corpo quanto na psique. O flamenco pode ser mais uma oportunidade de integração necessária e desejada pela alma, por meio do contato com a fonte criativa que nutre e organiza a psique, na qual estão os potenciais que podem ser desenvolvidos.

Dessa maneira, nas reflexões sobre a clínica contemporânea, ainda percebemos que: "o caminho criativo é o melhor para encontrar o inconsciente" (Jung, [1912] 2011, p. 344). A dança flamenca, ao estimular diferentes sentimentos, auxilia e aprofunda o diálogo interior, especialmente ao explorar os potenciais dentro de si, resgatando e vivenciando diferentes modos de ser mulher. Dançar é ter uma nova chance, pois a dança insiste em renovar e vencer limites, ajuda a descobrir e reencontrar os espaços na vida e lidar com os diferentes ritmos. Dançar o flamenco permite abrir as portas a vários conteúdos psíquicos e dá expressão às imagens fluidas da alma.

REFERÊNCIAS

ADAMO, C. *Mulheres, dança flamenca e psicologia analítica.* 2021. 160 f. Dissertação (Mestrado em Psicologia Clínica) – Pontifícia Universidade Católica de São Paulo, São Paulo, 2021.

BERTONI, I. G. *A dança e a evolução, ballet e seu contexto teórico, programação didática.* São Paulo: Tanz do Brasil, 1992.

BOECHAT, W. A criatividade como função psicológica. *In*: FARIA, D. L.; WAHBA, L. L. (org.). *Criatividade, Arte e Psicologia Junguiana.* Curitiba: Editora CRV, 2017. Prefácio, p. 9-12.

BRECHT, B. *Schriften zum Theater.* Berl: Suhrkamp Verlag, 1957. (No original: Alle Künste tragen bei zur größten aller Künste, der Lebenskunst).

CHODOROW, J. Inner-Directed Movement in Analysis: Early Beginnings. *In*: PALLARO, P. *Authentic Movement*: Moving the Body, Moving the self, being moved. A collection of Essays. London; New York: Jessica Kingsley, 2007. p. 32-34.

CUELLAR-MORENO, M. Flamenco dance. Characteristics, resources and reflections on its evolution. *Cogent Arts & Humanities*, [S. l.]. v. 3, n. 1, p. 1260825, 2016. DOI: 10.1080/23311983.2016.1260825.

EDE, Y. V. Japanized flamenco: Sensory shifts in a transcultural relocation of a dance genre. *Journal of Dance & Somatic Practices*, [S. l.]. v. 6, n. 1, p. 61-74, 1 jun. 2014.

HAYES, D. Consideration of the dance from a Jungian viewpoint. *Journal of Analytical Psychology*, Zurique, v. 4, n. 2, p. 169-181, 1959.

HIGHWATER, J. *Dance*: rituals of experience. Pennington, NJ: Princeton Book Company, Publishers, 1992.

JUNG, C. G. A função transcendente. *In*: JUNG, C. G. *A natureza da psique*. O. C. 8/2. Petrópolis: Vozes, 1991a. (Original publicado em 1958).

JUNG, C. G. Considerações teóricas sobre a natureza do psíquico. *In*: JUNG, C. G. *A natureza da psique*. O. C. 8/2. Petrópolis: Vozes, 1991b. (Original publicado em 1946).

JUNG, C. G. *Símbolos da Transformação*. O. C. 5. Petrópolis: Vozes, 2011. (Original publicado em 1912).

JUNG, C. G. Relação da psicologia analítica com a obra de arte poética. *In*: JUNG, C. G. *O espírito na arte e na ciência*. O. C. 15. Petrópolis: Vozes, 2012. (Original publicado em 1922).

JUNG, C. G. Símbolos e interpretação dos sonhos. *In*: JUNG, C. G. *A vida simbólica*. O. C. 18/1. Petrópolis: Vozes, 2013. (Original publicado em 1961).

NAVARRO, J. L. *Cantes y Bailes de Granada* [Songs and dances from Granada]. Málaga: Arguval, 1993.

OSSONA, P. *La educación por la danza*: enfoque metodológico. Buenos Aires: Paidós, 1984.

PENNA, E. M. D. *Epistemologia e método na obra de C. G. Jung*. São Paulo: Educ, 2013.

RAMOS, D. G. *A Psique do Corpo*: A dimensão simbólica da doença. São Paulo: Summus, 1994.

ROPERO, M. *El término Flamenco*: Historia del Flamenco [The Flamenco Term]. Sevilla: Tartesos, 1995.

RUANO, K. *La influencia de la expresión corporal sobre las emociones*: Un estudio experimental (tesis doctoral). Madrid: Universidad Politécnica de Madrid, 2004.

TARKOVSKY, A. *Sculpting in time*: Reflections on the Cinema. Texas: University of Texas Press, 1987.

WALLINGFORD, N. *Expressive Arts Therapy*: Powerful Medicine for Wholeness and Healing. 2009. Dissertation (Master of Arts in Counseling Psychology) – Pacifica Graduate Institute, California, 2009.

4

Quando o infinito de possibilidades nos toma de assalto: a angústia como enraizamento da alma

Carmen Livia Parise

Quando fui capturada pelo tema da angústia, pus-me a procurar momentos em que estive em contato com ela. Angústia é no corpo, pede corpo. Imediatamente, vieram-me à lembrança duas situações: a primeira, dos dias iniciais do meu puerpério, onde, diariamente, ao cair da tarde, a respiração começava a ficar difícil. O pensamento ficava confuso, a concentração ia embora. Uma aflição medonha em ficar no aqui agora, mas nenhuma perspectiva de onde mais estar então. Nos piores dias, sentimento de morte iminente, por vezes, seguida de formigamento das mãos e coração acelerado. Pânico.

A segunda situação, no avião, embarcando para um congresso internacional. A primeira filha estava então com 4 anos e a segunda com 2. Primeira vez que eu ficaria sem elas, dormiria separada delas e teria um tempo para o resto de mim: aquelas outras que tinham estado em sono profundo por um tempo. Antes de embarcar, fui tomada por uma sensação de euforia deliciosa. Já no voo, uma vez mais: a sensação de que a respiração não chegava até o fim, sentimento de estar presa em um avião fechado, de apertamento, um aqui e agora quase insuportável. Mas sair para onde?

Olhando para esses dois momentos, percebo que eles têm algumas coisas em comum. Eram momentos em que aquilo que eu entendia por mim mesma estava em risco, onde o repertório de possibilidades usados até então se mostrava insuficiente ou inútil para o que se apresentava, um esgotamento de um jeito de estar na vida. Era preciso que partes de mim se fossem para que outras pudessem nascer. Mas isso eu só fui entender depois.

Dessas experiências tirei algumas reflexões sobre a angústia: será que poderíamos dizer que nos angustiamos quando a importância de qualquer unidade individual se torna esmagadora para uma pessoa? Quando essa imagem única é quebrada, está se rompendo?

Sabemos que essa unidade se quebra para se multiplicar em mais partes, em outros personagens arquetípicos que passam a nos habitar. No entanto, o ego angustiado não sabe disso. Ao contrário, quando se vê em crise, tenta reforçar sua estratégia monocêntrica. Mas uma crise de alma inclui, naturalmente, outras fantasias. É como se no momento de angústia o ego estivesse em franca *solutio*, compulsória diluição. Experiência aterrorizante. Algo precisa ir, mas ao olharmos para a frente, a visibilidade é zero. Aparentemente, não há nada. O estar de pé sobre o nada dos existencialistas. O não ser. Medo e horror. Respiração fora de compasso. Gostaria de me demorar um pouco nisso.

Chama-me atenção que toda experiência de medo, ansiedade, angústia, venha acompanhada de algum desconforto respiratório. É como se o ar que inalamos fosse responsável por oxigenar certo jeito de ser. Como se brônquios, bronquíolos e alvéolos dessem trânsito a uma alma que adentra o corpo e o anima. Na angústia, a respiração trava, aperta, descompassa. Como se aquele caminho começasse a ficar estreito para novas ficções que começam a pedir voz, sopro de vida.

É aqui que começo de fato meu trabalho: ao contemplar os pulmões, para tentar apreender a angústia, via corpo; ao ficar com essa imagem, ocorreu-me que os brônquios são como raízes de uma árvore. Ao darem trânsito ao ar, oxigenam o resto do corpo, alimentam de ideias e ficções, o ser. Essas ficções que estão fixadas num solo também aéreo e arquetípico; podem se apresentar por meio de múltiplas ramificações e caminhos possíveis. Assim, quando na angústia um desses caminhos é estreitado, todos os outros se apresentam; o reino anímico abre-se em todo seu esplendor e multiplicidade bem diante de nossos olhos — ou melhor seria dizer, de nossos narizes? Assim, seria mesmo a angústia um estar de pé sobre o nada? Ou seria, mais propriamente, um estar atravessado pelo tudo?

Para adentrar essa questão, comecemos um passeio imaginal pelo reino das raízes, dando as mãos a ninguém menos que Gastón Bachelard.

Bachelard (2003) situa o reino das Raízes na fronteira de dois mundos: o do Ar e o da Terra. É nessa fronteira que nasceria a imagem. Tudo o que passa a existir para nós tem que ter passado por uma representação imaginal, uma representação que necessita animar-se, paradoxalmente, em duas direções: a da raiz que leva aos céus os sulcos da terra e a da raiz que vai trabalhar entre os mortos, para os mortos. O reino da raiz seria então o reino imortal do morto-vivo, onde a vida subterrânea é sentida intimamente. A árvore subterrânea, invertida, que duplica a realidade: realidade aérea como realidade subterrânea, e vice-versa.

Assim, para que algo seja verdadeiramente sólido sobre a terra, tem que ter raiz forte embaixo dela. Já dizia Jung (2012, p. 108): "Qualquer árvore que queira tocar os céus precisa ter raízes tão profundas a ponto de tocar os infernos". Afinal, é ali, embaixo da terra, que está a base arquetípica que possibilitará que uma ideia ganhe corpo no mundo de cima, a força imaginária que faz de uma árvore tranquila, um ser insaciável, um ser dinamizado por uma fome incessante. Raiz como síntese da vida e da morte: quanto mais se enterra a si própria, quanto mais fundo mergulha, mais vida gera, mais força e potência ganha para quebrar os obstáculos. Nesse sentido, a própria morte é o início de uma imagem.

Nutrida por esse solo arquetípico, a imagem precisará do Ar para alçar voo. Diria Bachelard: "Com um ímpeto prodigioso, a árvore projeta-se para baixo até o âmago da terra, lá onde os mortos afundam na escuridão, no úmido e denso subsolo; e de outro lado, volta-se para as alturas do ar... tão vasto, tão poderoso e exultante em ambas as direções" (Bachelard, 2003, p. 224). A intimização da imagem, esse sopro de vida humana, particular a cada vida humana, dar-se-á via ar, pensamento, devaneio. Mas não qualquer devaneio:

o devaneio vegetal é o devaneio lento, repousado, o mais repousante dos devaneios. Bachelard novamente: "Deem-nos o jardim e o prado, a ribanceira e a floresta, e reviveremos nossas primeiras aventuras... a cada primavera eles o fazem renascer. E em troca parece que o nosso devaneio lhes dá maior crescimento, flores mais formosas, flores humanas" (Bachelard, 2003, p. 230).

Poderíamos imaginar então que a raiz, ser estático por excelência, recebe da nossa imaginação uma vida dinâmica, a fabricação de coisas voantes, de folhas aéreas e frementes. O ar confere-lhe, antes de tudo, uma imagem de movimento, um conselho de movimento vegetante. A imaginação como uma vida nas alturas. A árvore ereta, sustentada por raízes profundas, é uma força evidente que conduz uma vida terrestre a um céu azul. É também uma imagem de harmonia, como se a árvore sustentasse a terra inteira no pulso de suas raízes e sua ascensão para o céu tivesse a força de sustentar o mundo.

Mas para que essa harmonia aconteça, é imprescindível que essa árvore esteja estabilizada. E o que a estabilizará? Justamente a multiplicidade de suas raízes. A raiz insinuará sua vigorosa substância em mil filamentos que beberão o suco das terras do submundo.

Na angústia, é como se houvesse uma crença de que nossa árvore é sustentada por apenas um desses filamentos. E, de uma hora para outra, esse filamento se soubesse condenado. Algo passa a bloquear, a estreitar esse canal e, então, a respiração falha, o peito aperta. Algo tem que morrer, mas a sensação é de que morrerá a árvore inteira. Mas o modo de continuar existindo da raiz é contornando os obstáculos, inventando outros tropismos possíveis. Então, na iminência da morte de um filamento, a raiz tem todo um reino de possibilidades de direções para onde poderia crescer, tudo é um devir-raiz, um devir-árvore, mas nada ainda é, propriamente. Se pudéssemos capturar esse momento, é como se por trás da solidez das crostas, por baixo do couro cozido das membranas, a existência da raiz fosse vivenciada como a existência de massas monstruosas e moles em desordem — nuas, de uma horrorosa e obscena nudez. Pergunta-nos Bachelard: "Não haveria de ser nauseante essa nudez flácida? Veríamos o mundo ruir numa *solutio* que transformaria a raiz dura em massa mole. Ao invés de chão firme, árvores que flutuam. Não mais um jorro para o céu, mas um abatimento" (Bachelard, 2003, p. 231).

Estamos no princípio da criação, na morte que é um devir-vida, onde tudo pode ser criado e imaginado e, no entanto, nada existe. Estamos na raiz da angústia.

Na tentativa de me aproximar dessa condição, recorro a Mia Couto:

> Na nossa infância, todos nós experimentamos este primeiro idioma, o idioma do caos, todos nós usufruímos do momento divino em que nossa vida podia ser todas as vidas e o mundo ainda esperava por um destino... esta relação com o mundo informe e caótico... condição em que estivemos tão fora de um idioma que todas as línguas eram nossas. Essa outra língua que não é falável... em que todas as coisas podem ter todos os nomes... Ao lado de uma língua que nos faça ser mundo, uma outra que nos faz sair do mundo. De um lado, um idioma que nos cria raiz e lugar. Do outro, um que nos faça ser asa e viagem. Ao lado de uma língua que nos faça ser humanidade, deve existir outra que nos eleve à condição de divindade (Couto, 2014, p. 24).

A experiência de se estar nesse lugar em plena luz do dia, sem a anestesia da noite e dos sonhos é sempre uma experiência de violação, à revelia da nossa vontade e do nosso controle. E se estamos falando de uma consciência virginal que é assaltada pelo desprazer dessa vivência pavorosa, estamos também no reino de Pã. Para nos apresentar a experiência desse reino, convido para essa conversa o teatrólogo Antonin Artaud.

Artaud é um esquizofrênico raro: ele fala sem parar. Ele perseguia a língua pura, feita de palavras aderidas à vida. No teatro de Séraphin, ele imaginou que poderia chegar a ela via uma respiração adequada que fizesse jorrar, em cascata, a palavra subterrânea, integral, o grito vindo do ventre do ser. Artaud conta-nos sua experiência:

> Experimentei um feminino pavoroso. O grito da revolta sufocada, da angústia armada em guerra. Vozes se elevavam, profundas como o buraco do abismo. Entre duas respirações, o vazio se ampliava, mas então, é só como espaço que ele se ampliava. Era um vazio asfixiado, o vazio apertado de uma garganta. A respiração descia até o ventre e lá criava seu vazio, e dali voltava a arremessá-lo para o cume dos pulmões. Do vazio do meu ventre alcancei o vazio que ameaçava o cume dos pulmões. Para dar esse grito, eu precisei cair. Caio. Tenho medo.
>
> O Neutro era pesado e fixo. O Feminino, torturante e terrível, compacto como o ar que mura as abóbadas gigantescas do subterrâneo. Grito numa armadura de ossos, nas cavernas de minha caixa torácica. Caio num subterrâneo e não saio, não saio mais.
>
> Quando todo o ar passou no grito e quando não sobrou mais nada para o rosto, é aqui que começaram as cataratas. Estou num subterrâneo, sem dúvida. Respiro, mas com a respiração apropriada (Artaud, 1967, p. 246).

Artaud desejava inventar a língua pura, a língua que nasce da alma e do coração, a língua depois de ter se desfeito da gramática, depois que o grito retirou o ar dos pulmões, depois que o vazio deixou de ser um espaço que se ampliou entre duas respirações, encaixotado no peito, depois de ter caído abaixo do subterrâneo.

Para Artaud, uma língua que realmente não perdeu sua aderência à vida é a língua das profundezas do ventre. Vindo do buraco do abismo feminino, do vazio do sem-fundo, os subterrâneos da linguagem fazem desabar a película das significações. Toda essa musicalidade concreta da linguagem instaura um estado mais ou menos alucinatório e provoca uma alteração orgânica que estoura a superfície abstrata aplanada pelo deslizamento do sentido.

Para Artaud, a superfície não existe mais. A pele não é mais que uma infinidade de buracos e de perfurações por meio dos quais todos os corpos se interpenetram e se diluem. Tudo é corpo e é corporal. O interior e o exterior afundam em uma profundidade universal. O corpo é só profundidade e engole, nessa profundidade, todo o sentido. Como não há superfície dos corpos, não há separações entre os corpos, nem há fronteiras entre corpos e palavras, significações e coisas. Aqui, a palavra é física e afeta o corpo sem mediações. A palavra é feita com o vento do ventre uterino. Trata-se de operar, segundo um princípio fluido, em uma região do infra-sentido, da paixão dolorosa do corpo.

É exatamente nessas regiões que vive Pã, nas cavernas obscuras onde residem nossas pulsões, nos buracos negros da psique de onde emergem tanto o desejo como o pânico. Pã reflete todos, é impessoal, objetivo, implacável. No entanto, ao ter Hermes como patrono, pode-se imaginar que suas ações buscam uma comunicação, pedem uma conexão.

Pã persegue e estupra as ninfas. Hillman (2015) fala-nos de Pã como um encontro íntimo com a força animal do corpo. Não como uma agressão, mas como uma compulsão. Não ataques para destruir o objeto, mas uma necessidade compulsiva de possuí-lo. Nesse sentido, enxerga no estupro das ninfas algo que visa a uma forma de consciência indefinida, ainda localizada na natureza, mas que não é pessoalmente corporificada. O estupro a tornaria íntima. O impessoal penetraria sub-repticiamente até o corpo mais privado. O impessoal enquanto uma experiência pessoal.

Nesse sentido, poderíamos falar que um tecer da alma está acontecendo enquanto a angústia nos assalta. Nas palavras de Hillman, a consciência estaria

> [...] cautelosamente se movendo na sabedoria do medo através dos lugares vazios de nossas paisagens interiores, onde não podemos saber que direção tomar, desprovidos de vestígios, nosso julgamento somente embasado nos sentidos, sem jamais perder

o contato com o rebanho de caprichosos complexos, pequenos medos e grandes excitações (Hillman, 2015, p. 58).

E como se dá essa tessitura? Hillman propõe-nos a ideia de que todo tipo de criação traria, inerentemente, o padrão instintivo compulsão-inibição. O próprio estupro falaria dessa necessidade compulsiva presente no interior e por detrás de todo tipo de geração. Na medida em que o instinto age, forma — ao mesmo tempo — uma imagem de sua ação. Qualquer transformação da imagem afeta o comportamento e vice-versa. A figura de Pã tanto representa a compulsão intelectual quanto oferece o meio no qual a compulsão pode ser modificada por meio da imaginação. Paradoxalmente, os impulsos mais naturais não são naturais, e a mais instintivamente concreta das nossas experiências é imaginal. Como se a existência humana, mesmo em seu nível vital mais básico, fosse uma metáfora. O imaginal nunca é tão vívido como quando estamos ligados instintivamente a ele.

Mas para que a imaginação possa transformar a compulsão, é necessário que a inibição, a outra face do instinto, entre em cena. Nesse caso, será o medo quem fará a função inibitória. O medo apresenta-se como uma sabedoria do corpo que nos avisa o que é realmente importante. Ele pode ser visto como um chamado para o encontro com o desconhecido, com o incontrolável, com os complexos, com o inconsciente, elevando o pânico instintual a um chamado à consciência. Encontramos com o numinoso quando mantemos contato com o medo.

A reflexão precisa estar vinculada ao corpo para que se manifeste e haja o despertar e o fazer alma, via instinto. Mas também é necessário que a ação compulsiva direta seja inibida para que ela se torne indireta e imaginativa.

Por meio desse desenvolvimento do espaço interno, do tempo e da imaginação, o mundo psíquico torna-se uma realidade. De dentro da dissolução apavorante do nigredo em que somos compulsoriamente lançados, pontos azuis vão surgindo e conduzindo nossas raízes à realidade lunar e lunática de outras albedos possíveis.

Aos poucos, a respiração estreitada, descompassada, angustiada, vai se convertendo em sopros provindos de outros lugares da psique e compondo melodias harmônicas e plurais, como as das flautas de Pã.

REFERÊNCIAS

ARTAUD, A. *Ouvres Complètes*. Paris: Gallimard, 1967-84. Tomo I.

BACHELARD, G. *A Terra e os Devaneios do Repouso*: Ensaios sobre as imagens da intimidade. 2. ed. São Paulo: Martins Fontes, 2003.

COUTO, M. Línguas que não sabemos que sabíamos. *In*: COUTO, M. *E Se Obama Fosse Africano*. São Paulo: Companhia das Letras, 2009. p. 11-24.

HILLMAM, J. *Pã e o Pesadelo*. 1. ed. São Paulo: Paulus, 2015.

JUNG, C. G. *Aion Vol 9/2*: Estudo sobre o simbolismo do si-mesmo. Petrópolis: Editora Vozes, 2012.

O *Livro Vermelho*: contribuições para o trabalho clínico do analista junguiano[9]

Denis Canal Mendes

Prólogo

> *O caminho daquele que virá...*
> *(JUNG, [1913] 2010, p. 229)*

A memória é a reedição da história e, com isso, vejo-me autorizado a trazer o que me inspirou a mergulhar nesse tema. Duas imagens são importantes e envolvem nossos colegas e estudiosos da obra de C. G. Jung: uma do querido colega Walter Boechat[10], em 2010, e outra de Sonu Shamdasani[11], uma sincronicidade no encontro em Canela, em 2011. Elas me inspiraram a ir em direção ao aprofundamento do sentido e significado do *Livro Vermelho* (L. V.). Este trabalho é fruto dessa imersão, seu estudo e suas sincronicidades na compreensão sobre o significado do que é o *Livro Vermelho* (L. V.) e sobre o que ele regozija e representa para a psicologia analítica atualmente.

---

[9] Texto apresentado no XIV Simpósio do Ijusp, em setembro de 2023.

[10] Walter Boechat é médico, analista junguiano diplomado pelo C. G. Jung Institut Zurich, doutor em Saúde Coletiva (Uerj), membro fundador da Associação Junguiana do Brasil (AJB) e IJRJ, autor de diversos livros e artigos.

[11] Nascido em 1962, é escritor, editor e professor da University College London. Com mestrado em História da Ciência, seus estudos e escritos centram-se em Carl Gustav Jung (1875-1961) e cobrem a história da psiquiatria e psicologia, desde meados do século XIX até os tempos atuais. Shamdasani foi premiado com o título de PhD em História da Medicina pelo Instituto Wellcome na University College de Londres.

Essa trajetória teve início em 2011 tanto individualmente como em grupo vivencial[12] com as minhas queridas colegas de percurso: Martha Virginia, Cristiane Adamo e Marise Nieri[13]. Procurei pessoas que afetivamente tivessem algum tipo de ligação e que se propusessem ao aprofundamento no estudo do livro L. V. É importante sinalizar que houve uma sincronicidade entre a criação do grupo, o contato com o L. V. e os momentos de vida de cada integrante.

Iniciamos o grupo em 2012, mergulhando no seu conteúdo de maneira não convencional, o que chamamos de ExperiVivência com o L. V.; um processo intenso, profundo, em uma tentativa de aproximação da trajetória que Jung fez quando iniciou o trabalho de escrita do livro (Adamo *et al.*, 2015). Esse estudo vivencial perdurou por alguns anos e passamos a apresentar esse mergulho vivencial no Congresso da AJB (2014) e, posteriormente, no Congresso Latino-Americano (Clapa, 2015). Configurou-se como um mergulho na ExperiVivência no L. V.: experiência vivencial por meio das técnicas de imaginação dirigida e ativa em grupo, indo em direção às imagens que o L. V. apresenta e à trajetória que Jung percorreu, que o grupo foi convidado seguir.

Sincronicidades ou epifania? Em 2016, tive um sonho no qual fui totalmente inspirado e mobilizado, em que produzo um material escrito que será a semente inicial da pesquisa acadêmica sobre o L. V. No sonho, eu estava à frente de um portal e este me transportava para um "outro" campo de trabalho onde aprenderia uma "nova" linguagem. Ao acordar, compreendi o sonho como se ele me convidasse a esse novo campo desconhecido e me levasse na direção e descoberta de uma nova linguagem: a acadêmica. A imagem onírica foi tão impactante que dela eclodiu um material inspirador; e eu o traduzi, produzindo um texto.

Na manhã seguinte, nascia o "rascunho" do projeto inicial daquilo que se tornaria a semente da pesquisa de mestrado dentro do campo da Psicologia Junguiana, que envolveu o período entre

---

[12] Em 2011, iniciamos o grupo de estudos do L. V. chamado de ExperiVivência com o L. V.

[13] Analistas junguianas com experiência profunda no trabalho clínico.

2017-2019 com a participação dos 378 analistas junguianos latino-americanos membros de sociedades junguianas da América Latina (todos associados à IAAP[14]). Conjuntamente com o querido colega e analista Durval[15], iniciamos uma jornada de estudo, interlocuções e trocas nesta pesquisa de campo, em vista da vasta produção de textos, livros, seminários que foram realizados sobre o tema L. V., desde c seu surgimento público.

Compreensão e perspectiva no L. V.

> O ano de 1913 foi decisivo na vida de Jung. Ele começou um autoexperimento que veio a ser conhecido como seu "confronto com o inconsciente" e durou até 1930. Durante esse experimento, Jung desenvolveu uma técnica para "chegar ao fundo do (seu) processo interior", "traduzir as emoções em imagens" e "compreender as fantasias que estavam se agitando subterraneamente" (Shamdasani, 2010, p. xi).

As reflexões que pretendo apresentar se referem ao papel e ao sentido do L. V. na prática clínica dos analistas junguianos. Busco apresentar observações e elaborações ao longo desse meu percurso de estudo entre 2011 e 2023, desde o aparecimento do L. V. para a comunidade junguiana. Esta elaboração é a transformação do olhar e do sentido vivo que o L. V. traz e a sua relevância no entendimento de quais são seus frutos e percepções, além de sua função para a prática clínica junguiana.

Lembremos que, com o advento do L. V., os analistas junguianos foram convidados a lançar nova luz sobre o trabalho junguiano, ao olharem para a experiência de Jung, descrita no próprio livro, e ao tecerem considerações sobre esse processo. O acesso ao conteúdo

---

[14] IAAP – *International Association for Analytical Psychology* (Associação Internacional de Psicologia Analítica), fundada em 1948 com sede em Zurique, na Suíça.

[15] Prof. Dr. Durval Luiz de Faria é psicólogo, membro analista do IJUSP & AJB e da IAAP-Zurique, e foi o orientador da pesquisa.

do L. V. traz um componente novo e suscita uma reflexão sobre a nova geração de analistas e psicoterapeutas no pós-2009; em uma delas, Giegerich pergunta: será o *Livro Vermelho* uma Nova Bíblia?

A partir da leitura do L. V., um novo ciclo de possibilidades se faz necessário. Nesse contexto, são fundamentais a pesquisa, o trabalho e o aprofundamento que Sonu Shamdasani, pesquisador e organizador, fez ao longo dos anos que antecederam (1999-2000) a publicação da obra. Esse trabalho reflete-se no efeito que o L. V. retrata e representa ao longo das 371 páginas, com textos, diálogos, poesia, pintura, tudo na forma de relato vivencial (Shamdasani, 2010).

O L. V. tornou-se debatido e discutido. Também se tornou um documento histórico para a psicologia analítica, mas seria melhor tentar entender o sentido profundo que o mantém vivo ao longo desse período posterior ao seu surgimento ao público em 2009.

O que é o *Livro Vermelho* (1913-1930)? O que ele significa para psicologia analítica mundial? Será o *Livro Vermelho* uma elaboração do processo interior de Jung a partir dos seus relatos íntimos no seu diário chamado de Livros Negros (1912-1932)? Podemos afirmar que o *Livro Vermelho* é o testemunho vivo do processo de individuação de Jung, uma representação empírica do confronto com o inconsciente e seu processo de transformação psíquica.

Percebemos que muitos analistas e psicólogos se ocuparam em estudar e se aprofundar nas imagens e conteúdos que o livro se propõe a apresentar, observando ali algo que pudesse remeter tanto à construção teórica quanto ao desenvolvimento das técnicas junguianas. Para Murray Stein (2014), ao estudar as *Obras Completas* de C. G. Jung (OC, Ed. Vozes, reedição de 2011), os analistas em formação deveriam revisitar e pesquisar o L. V. para entender e conhecer a origem dos conceitos, saber da concepção epistemológica desse *Opus* junguiano (Mendes, 2019).

Além disso, percebemos, na literatura sobre o L. V., que é possível realizar vários tipos de leitura do livro: como um documento autobiográfico e histórico, tecer paralelos com temas sobre filosofia, religião e mitologia, com relação à prática clínica e vivencial, criar paralelos com arte e autores contemporâneos, com questões da cultura, da atualidade e do mundo contemporâneo (Arzt; Stein, 2018). Assim, o livro transita por diversos campos do conhecimento, deixando um legado para além do campo histórico (Hillman; Shamdasani, 2015).

As contribuições da literatura junguiana sobre o L. V. não refletem uma mudança da percepção da teoria, mas ampliam o olhar sobre como a teoria foi sendo constituída, os seus pilares de sustentação e o embasamento desse corpus junguiano.

É importante lembrar que, durante o período de 1913 a 1930, Jung escreveu e produziu diversos textos e escritos ao longo do período da concepção do L. V., dentre os quais, destacam-se:

Vol. 8 *Natureza da Psique:*

"Função transcendente", de 1916/1957;
"Os fundamentos psicológicos da crença nos espíritos", de 1919;
"Instinto e inconsciente", de 1919;
"Psicologia analítica e cosmovisão", de 1927;
"Estrutura da Alma" de 1928 e "Energia psíquica", de 1928;
"Espírito e vida", de 1928;

Vol. 7 *Psicologia do inconsciente* **de 1916/1926/1943;**

"O eu e o inconsciente", de 1918;

Vol. 10 "Sobre o inconsciente", de 1918;

Vol. 6 *Tipos psicológicos de* **1921;**

Vol. 16 "O valor terapêutico da ab-reação", de 1921.

Esses foram artigos e textos escritos nesse período (Penna, 2013). Há, ainda, grande influência do L. V. em textos posteriores, como no volume 9/1, *Os arquétipos e inconsciente coletivo*, que começou a ser escrito em 1934. Esses são alguns dos textos das *Obras Completas* diretamente relacionados às sementes da concepção e evolução de Jung no processo de elaboração do L. V.

O estudo do livro trouxe uma percepção importante sobre a formulação teórica. Aqui, vale citar a pesquisa de mestrado[16], em que observei que todos os analistas achavam importante estudar o L. V. e que 65 % deles mudaram sua percepção, tanto em relação à teoria como em relação à prática clínica após a leitura do livro.

Em nossa visão, o papel do L. V. foi introduzir, usando uma expressão popular, "tempero de pimenta" no corpo teórico e prático junguiano, por meio do texto do próprio Jung, retirando-o das profundezas do esquecimento (Shamdasani, 2011) e reavivando e aproximando a experiência com a alma humana. Passados alguns anos, a pergunta que se apresenta é: qual a contribuição do *Livro Vermelho* para a análise junguiana contemporânea? E qual sua função para a prática clínica junguiana?

Podemos dizer que o *Liber Novus* tem uma estrutura dividida em dois níveis: um primeiro mais emocional e diretamente ligado com as imagens inconsciente, e um segundo que transita por uma elaboração mais racional, com amplificações e compreensão do seu significado. Aqui, a experiência torna-se teoria e a teoria torna-se método; isto é, a partir das experiências mais profundas, Jung organiza uma teoria psicológica nova baseada em imagens relativas ao processo de individuação (Boechat, 2014).

É possível entender o que mudou na percepção da teoria e o que vemos é que o discurso se sobrepõe à prática; ou seja, percebe-se que não é que a teoria tenha mudado, mas como cita a analista Flora: *não é que mudou; mas sim nutriu, enriqueceu* [...]. Nossa hipótese é de que a teoria se tornou aquecida, enriquecida por um novo olhar, viveu os efeitos de revitalização.

---

[16] MENDES, Denis Canal. *O Livro Vermelho de C. G. Jung no trabalho clínico do analista junguiano na América Latina.* Dissertação (Mestrado em Psicologia Clínica) – Pontifícia Universidade Católica de São Paulo, São Paulo, 2019. Disponível em: https://tede2.pucsp.br/bitstream/handle/22725/2/Denis%20Canal%20Mendes.pdf. Acesso em:20/03/2024

Na opinião do analista José, *o L. V. é o melhor livro pós-junguiano da atualidade*. Sua publicação póstuma, em 2009, foi um significativo presente para o nosso mundo contemporâneo, pois frente às diversas perturbações do mundo atual, nossa época clama com urgência pela busca pelo contato profundo com nossa alma (Arzt; Stein, 2018).

Ao ouvirmos os analistas na pesquisa realizada, observou-se o surgimento de quatro grupos temáticos relevantes no estudo do L. V.: Prática clínica, Jung, Teoria viva e Profundidade, que trouxeram reflexões e elaborações pertinentes. Estas somaram-se aos temas[17] que eclodiram: imaginação ativa, esclarecimento da teoria em termos práticos, a experiência com o inconsciente, testemunho vivo e transformação vivida, conexão e aproximação com a teoria, profundidade do inconsciente, diálogo com o inconsciente e sincronicidades (Mendes, 2019).

Lembro de um relato da analista Flora: *As imagens são nutridoras, com uma vivência pelo chakra cardíaco, pulsam e fazem vibrar aquilo que não pode parar: a alma.*

O L. V. em si toca a alma, é lindíssimo, tem uma peculiaridade de sofrimento e, ao mesmo tempo, um aspecto transformador.

> Minha alma, o que devo fazer? Mas a minha alma falou-me e disse: "Espera". Eu escuto a terrível palavra. Ao deserto pertence a dor. Pelo fato de eu dar a minha alma tudo o que podia dar, cheguei ao lugar da alma e descobri que este lugar era um deserto quente, seco e estéril. Nenhuma cultura do espírito é suficiente para fazer de tua alma um jardim. Eu cuidei de meu espírito, do espírito dessa época em mim, mas não daquele espírito da profundeza, que se volta para as coisas da alma, do mundo da alma. A alma tem seu mundo que lhe é próprio (Jung, [1913] 2013, p. 128).

Ao refletirmos por meio dessas narrativas dos analistas sobre o L. V., das trocas e da minha experiência clínica como analista, é

---

[17] *Idem.*

possível compreender qual é o convite que o L. V. descreve. Temos todos que proporcionar a experiência da profundeza da alma na análise junguiana enquanto analistas? Como é viável isso hoje, tendo em vista a urgência e considerando que Chronos e espírito do tempo clamam por respostas imediatas?

Jung descreve o seu testemunho vivo, relata o processo de elaboração dos conceitos junguianos, a experiência com as técnicas expressivas e imaginação ativa, a vivência transformadora do confronto com o inconsciente e a dialética do espírito da época ou tempo com o espírito das profundezas, a alma. Dessa forma, evoca a necessidade de dar atenção à alma, àquele aspecto de mais profundo em nós e, muitas vezes, abandonado em prol da adaptação e da persona.

Outro aspecto importante é o conceito de ampliação dentro da prática clínica junguiana, descrito muito bem no L. V. em forma de metáforas por meio da técnica da imaginação ativa. É interessante perceber o esclarecimento da teoria e o "como acontece", bem como as impressões suscitadas em relação a esse entendimento. Também se destaca que percebermos como nós realmente assimilamos o propósito da técnica na relação com a prática; isso acontece no método junguiano, onde primeiro se analisa e depois se sintetiza (Penna, 2013).

Aqui, quando falamos das questões que se apresentaram no campo relacional, é o desfrutar da autonomia da imagem que surge na técnica de imaginação ativa. No L. V., as descrições das experiências soam com espontaneidade. O que ficou mobilizado confirmou a hipótese do potencial que a imagem arquetípica tem, pois ao avistar o material que jorra do inconsciente descrito por Jung e que corrobora as respostas dos analistas à pesquisa, suscitou o que pensavam e o que entendem que era apresentado no L. V.

O relato e a troca com os colegas trouxeram um aspecto novo com relação à dúvida: é possível ir além das diversas inquietações que nos devoram no nosso dia a dia? O L. V. é a possibilidade ímpar de resgatar o contato com a alma. Ele pode servir de exemplo, uma referência; sim, isso já sabemos. O livro pode ser reconhecido como um possível modelo de um processo de individuação, o que corresponderia a encarar aquilo que realmente acontece subliminarmente na psique daquele indivíduo.

Seria o L. V. o processo de individuação experienciado em imagens e diálogos personificados? Individuação que percebemos é a forma como a teoria foi incorporada, integrada. Para alguns analistas, a teoria estava separada da experiência, mas, com o L. V., podemos observar essa junção e entender como a experiência viva de Jung possibilitou a construção de um arcabouço teórico com firmes alicerces, a partir de uma prática intuitiva e de um processo de conversar com as imagens internas (Stein, 2014).

Nesse diálogo, somos levados em direção à imaginação, ao imagético: *as imagens, a questão emocional e a sua profundidade*, assim refere a analista Flora sobre sua experiência com o L. V. trazido para sua prática clínica.

Reflexões para alma

> *Nossa época está buscando uma nova fonte de vida. Eu encontrei uma e bebi e a água tinha gosto bom.*
> (Jung, [1913] 2010).

O modo como as imagens são mencionadas pelos analistas que participaram da pesquisa revela o lugar do profundo, da alma, das idiossincrasias, da elaboração de um processo com suor e sofrimento, do material visível e invisível. Para Nante (2018, p. 285), "A Alma lhe recorda que está no deserto e que é necessário cultivar a paciência. O caminho rumo à verdade requer tamanho despojamento que é mister entrar sem intenções, sem querer esclarecer uma obscuridade". Para esses analistas, a teoria mudou no sentido da experiência; ela se tornou integrada e viva.

O resgate do L. V. seria percebê-lo como experiência viva, olhar para o livro como metáfora, vendo-o como imagem, adentrando nas suas profundezas, como diria Hillman. Assim, apontaria para uma nova perspectiva do olhar; na ressignificação da alma, para a individuação, para a constituição do nosso próprio fórum íntimo, nosso livro, nosso próprio olhar interior.

O analista que se deixa guiar pelas imagens profundas que são suscitadas com o contato com o L. V. terá um arcabouço de infinitas experiências e imagens. O livro surgiu do confronto de Jung com o seu inconsciente. Segundo Bonaventure (2021), ali Jung teve a percepção de que a alma existe realmente e que ela é um modo de ser específico; "esse *in* anima", isso não quer dizer que não temos alma; significa que estamos dentro da alma. Ademais, a alma é imagem e, mais ainda, quando Jung teve essa intuição de gênio, reabriu as portas de uma perspectiva maior, não mais do ser enquanto ser, mas do ser enquanto alma, do "esse *in* anima", especificamente, o arquétipo dos arquétipos. Assim, novas portas abriram-se para o mundo interior; uma nova era se abriu (Mendes, 2019).

Para finalizar, um relato da experiência de Léon Bonaventure com seus analistas:

> Eu me lembro como se fosse ontem, Marie Louise, como também Fierz e Meier, quando eu contava certos sonhos, eles colocavam o dedo na boca e diziam: estas grandes imagens não têm que ser interpretadas, mas sim a meditar, a viver. São pontos de referência para a vida inteira, o L.V. é o livro de cada um de nós que se manifesta a cada noite e, muitas vezes, escrito com o nosso sangue, no sofrimento e com as alegrias da vida (Mendes, 2019, p. 97).

Enfim, os Livros Vermelho (2009/2010) e Negros (2019/2020) são o testemunho vivo da jornada de C. G. Jung no seu confronto com o inconsciente, seu processo de individuação e a constatação de que a alma deve ser priorizada, é a experiência de um processo profundo da transformação psíquica. Assim, como diz o conhecido adágio latino: *"Habent sua fata libelli"*: os livros têm o seu destino e a sua ressignificação...

REFERÊNCIAS

ADAMO, A. C.; MENDES, D. C.; SOARES, M. N. de T.; SOUSA, M. V. ExperiVivência: processo de transformação através do Livro Vermelho. *In*: CONGRESSO LATINO-AMERICANO DE PSICOLOGIA JUNGUIANA: CONFLICTO Y CREATIVIDAD, PUENTES Y FRONTERAS ARQUETÍPICAS, 7., 2015, Buenos Aires. *Anais* [...]. Buenos Aires: BMPress, 2015. p. 31-34.

ARZT, T.; STEIN, M. (org.). *O Livro Vermelho de Jung para o nosso tempo*: em busca da alma sob condições pós-modernas. Petrópolis: Vozes, 2022. v. 1.

BONAVENTURE, L. *Miscelânea*. São Paulo: Paulus, 2021.

GIEGERICH, W. Liber Novus, isto é, A Nova Bíblia. Uma primeira análise do Livro Vermelho de C. G. Jung. Tradução de Marcela Carolline dos S. Oliveira. *A Journal of Arquetype and Culture*, New Orleans, Spring Journal, n. 83, 2010.

HILLMAM, J.; SHAMDASANI, S. *O Lamento dos mortos*: a psicologia depois do Livro Vermelho de Jung. Petrópolis: Vozes, 2015.

JUNG, C. G. [1913-1930]. *O Livro Vermelho*: Liber Novus. Petrópolis: Vozes, 2010.

JUNG, C. G. [1913-1930]. *O Livro Vermelho (edição sem ilustrações)*. Petrópolis: Vozes, 2013.

JUNG, C. G. [1912-1932]. *Os Livros Negros*. Petrópolis: Vozes, 2020.

MENDES, D. M. *O Livro Vermelho de C. G. Jung no trabalho clínico do analista junguiano na América Latina*. 2019. Dissertação (Mestrado em Psicologia Clínica) –Pontifícia Universidade Católica, São Paulo, 2019.

NANTE, B. O Livro Vermelho de Jung e o renascimento da imagem de Deus. *In*: CONGRESSO ASSOCIAÇÃO JUNGUIANA DO BRASIL, 24., 2017, Foz do Iguaçu. *Anais* [...]. Foz do Iguaçu, PR: AJB, 2017.

NANTE, B. *O Livro Vermelho de Jung*: chaves para a compreensão de uma obra inexplicável. Petrópolis: Vozes, 2018.

PENNA, E. M. D. *Epistemologia e método na obra de C. G. Jung*. São Paulo: Educ: Fapesp, 2013.

SHAMDASANI, S. *Jung e a Construção da Psicologia Moderna* – O sonho de uma ciência. São Caetano: Ideias & Letras, 2011.

SHAMDASANI, S. *Red Book seminar*. Zurich: CGJUNGPAGE, 2010. Disponível em: www.cgjungpage.org. Acesso em: 13 mar. 2019.

STEIN, M. *Seminar in the Red Book Part 1, 2, 3 e 4*. USA, 2014. Disponível em: https://youtube/CQoenP93Kb8. Acesso em: 13 mar. 2019.

6

Da clínica como lugar para o lugar do olhar: uma leitura arquetípica e paradigmática da história da psicologia

Paola Vergueiro

Sobrevoo: um panorama geral do capítulo

Apresentaremos inicialmente, no item 2 deste capítulo, "Um breve resumo de teorias do desenvolvimento", no qual as perspectivas do desenvolvimento dos autores Fordham (1957, 2006), Edinger (2020) e Neumann (1990) são apresentadas sumariamente, com destaque ao fato de que todas elas remetem às dinâmicas psíquicas em direção à saúde e ao desenvolvimento e, portanto, à união e à separação ego-Self[18], à multiplicação e à integração da psique, com base em referências arquetípicas. Também serão consideradas essas reflexões sobre união-e-separação no item 3, "A clínica: modelos históricos e associações arquetípicas", ao traçarmos correlações entre os modelos históricos de doença e tratamento e os estágios do desenvolvimento apresentados por Edinger (2020). No item 4, "Uma breve súmula reflexiva sobre a história da clínica médica e psicológica", abordaremos o percurso histórico dessa área de conhecimento e atuação com base em autores que tecem reflexões críticas sobre as transformações observadas ao longo do tempo. O tema "A Psicologia entre os séculos XX e XXI" é apresentado no item 5, que focaliza as mudanças recentes da Psicologia e fornece elementos para a análise subsequente sobre o novo paradigma de ciência e suas correlações com o desenvolvimento visto a partir de

---
[18] Neste trabalho, os termos Self e Si-mesmo são utilizados como sinônimos.

referências arquetípicas. Por fim, no item 6, "O olhar clínico psicológico na atualidade: uma leitura arquetípica e paradigmática", dedicar-nos-emos ao entrelaçamento de todos os temas tratados anteriormente. Procuraremos associar as transformações históricas da Psicologia nas últimas décadas ao desenvolvimento da psique coletiva, traçando correlações entre a concepção atual de olhar clínico psicológico com o modelo holístico de compreensão da relação saúde-doença e com os movimentos arquetípicos e paradigmáticos que vêm ocorrendo na cultura contemporânea.

Um breve resumo de teorias do desenvolvimento

O tema geral da união-e-separação está na base da compreensão de Jung e dos pós-junguianos sobre o desenvolvimento psíquico. Esse tema está presente nos modelos de desenvolvimento de Fordham (1957, 2006), Edinger (2020) e Neumann (1990), que apresentaremos sumariamente a seguir, buscando demonstrar que as suas convergências apontam para as suas raízes arquetípicas.

Fordham (2006) propôs que os bebês possuem um Self primário, ou seja, uma unidade psíquica indiferenciada do corpo que é diretamente influenciada pelo ambiente e cuidadores. Nessa visão, o ego é formado a partir de várias partes deintegradas de Self que, por ser unitário, reintegra-as continuadamente. As estruturas psíquicas originais precisam ser rompidas, cindidas, para que sejam paulatinamente reintegradas na consciência. O desenvolvimento humano requer essa ação contínua de deintegração e reintegração em processos que seriam arquetípicos.

Em *A história da origem da consciência* (Neumann, 1990), os estágios de desenvolvimento da consciência humana são apresentados com base em referências mitológicas. São evolutivos e resultam em um relato unificado do desenvolvimento psíquico. Tais estágios são organizados em três grandes tópicos: a) o mito da criação, b) o mito do herói e c) o mito da transformação, que se desdobram em subitens. Na segunda parte desta obra, os estágios psicológicos do desenvolvimento da personalidade são focalizados.

Inicialmente, é abordada a unidade original, ego e a consciência; em seguida, a separação dos sistemas, centroversão e diferenciação, que atravessam a fragmentação dos arquétipos; e, por fim, a análise da centroversão nas diferentes fases da vida. Este estudo, como o de outros teóricos do desenvolvimento de base junguiana, apresenta as imagens iniciais do desenvolvimento da personalidade como um todo unificado que se polariza após a constituição do ego e a ampliação da consciência, multiplica-se e transforma-se ao passar por diferentes estágios e encontra caminhos para a integração das partes separadas nas etapas finais.

Um autor que esclarece de forma particular a questão da união-separação entre ego e Si-mesmo é Edward Edinger (2020). Ele propõe um modelo de desenvolvimento psicológico em espiral que pressupõe uma alternância dos movimentos de união e separação entre ego-Si-mesmo ao longo de toda a vida dos indivíduos. Nessa visão, o desenvolvimento psicológico se caracteriza pela existência de dois processos que se desenrolam em ciclos alternados: de um lado, a progressiva separação entre o ego e o Si-mesmo; de outro, o aparecimento cada vez mais claro, na consciência, do eixo ego-Si-mesmo.

Para o autor, o eixo ego-Si-mesmo representa o vínculo vital que liga ego e Si-mesmo, que permite o desenvolvimento de uma relação dialética entre ambos e assegura ao primeiro sua integridade. Dessa maneira, a separação entre o ego e o Si-mesmo e a crescente conscientização de sua interdependência constituem, na realidade, dois aspectos de um mesmo processo de emergência.

Interessa-nos destacar uma particularidade dessa proposta. O Si-mesmo é tanto a circunferência quanto o centro da totalidade, isto é, ele é a totalidade que contém todo o psíquico e o centro orientador da psique. Dessa maneira, a relação intrínseca apontada pelo autor entre ego e Si-mesmo e o fortalecimento do eixo ego-Si--mesmo indicam que o ego se diferencia e se mantém como parte constituinte do Si-mesmo como totalidade da psique.

Nessa visão, a dinâmica de separação do ego e a conscientização do eixo ego-Si-mesmo ocorrem em paralelo. O fortalecimento do ego e sua diferenciação cumprem, assim, uma função tão importante no desenvolvimento do indivíduo, quanto o fortalecimento do eixo ego-Si-mesmo. Embora a tendência ao longo da vida acentue nos estágios iniciais a separação do ego do Si-mesmo, enquanto nos últimos, a conscientização do eixo ego-Si-mesmo, estamos tratando de processos não excludentes: separação e união.

Com base nos modelos de desenvolvimento esboçados anteriormente e na análise realizada sobre os temas separação-e-união, multiplicação-e-integração dos conteúdos psíquicos, realizaremos reflexões sobre o conceito de clínica a partir da teoria junguiana fazendo especial referência à teoria de Edinger. Partimos do pressuposto de Neumann (1990) e Ramos (2006) de que a consciência individual passa pelos mesmos estágios de desenvolvimento que marcaram a consciência humana como um todo. Em função disso, compreendemos que o desenvolvimento dos modelos de doença e tratamento que serão apresentados no item que segue, pode ser tomado como expressão do processo coletivo de individuação. Ramos (2006) indica que os movimentos científicos passaram por inúmeros processos de deintegração e, neste século, os processos de reintegração completam uma nova mandala fechando um circuito de interdisciplinaridades.

A clínica: modelos históricos e associações arquetípicas

Apresentaremos a seguir alguns modelos históricos sobre a compreensão das doenças e seu tratamento, como apresentados por Ramos (2006). Posteriormente, tais modelos serão associados aos estágios arquetípicos do desenvolvimento propostos por Edinger (2020), o que nos propiciará ampliar a discussão do tema 'união--separação' na compreensão dos movimentos coletivos associados ao tema e, posteriormente, desenvolver algumas reflexões sobre a história recente da clínica e sua relação com o paradigma atual.

O modelo primitivo – o homem primitivo era subjugado pelas forças da natureza, igualando-a aos poderes divinos. Para ele, a matéria tinha vida, homem e natureza eram um. Por esse motivo, nesse modelo, a *Participation Mystique* é a tônica, a força está na natureza que tem poderes transcendentes. O xamã é aquele que media os poderes transcendentes e homem e há uma aliança natural entre a religião e a natureza.

Associamos esse modelo ao estágio inicial do desenvolvimento psicológico proposto por Edinger (2020), em que há uma unidade entre ego e Self. O primeiro ainda não se diferenciou do segundo e, por esse motivo, ainda não foi iniciado o processo de ampliação da consciência sobre o eixo que os conecta.

O modelo grego – nele, o mundo e o Cosmos podem ser conhecidos pela observação, análise, dedução, síntese. Há uma separação entre matéria e espírito. Apesar disso, a ideia de um princípio controlador no cosmo permaneceu indispensável como a primeira realidade da sua cosmologia. A cura dirigia-se ao espírito, era feita pela palavra, pela música e pelos rituais, enquanto nos tratamentos predominava uma visão global do homem. Há 2.500 anos, Hipócrates deu início à medicina moderna com suas observações e deduções. A partir de suas proposições, a ciência grega deu início aos métodos que se tornariam procedimentos padrão na medicina e na Psicologia até os dias de hoje, com a diferença de ter como finalidade maior a busca do conhecimento da natureza e não sua modificação ou dominação, como acontece nos tempos atuais.

Associamos esse modelo ao movimento de separação entre ego-Si mesmo proposto por Edinger (2020), uma vez que já existem aspectos da realidade que são diferenciados pela consciência, à medida que são observados em suas particularidades, como a anatomia do corpo, por exemplo.

O modelo cartesiano – embora Descartes atribuísse a origem do espírito e da matéria ao campo divino, seus métodos foram interpretados mais tarde como propostas para tornar a matéria e o espírito princípios irreconciliáveis. A interpretação de Descartes o tornou responsável pelo modelo que estabelece um dualismo mente-corpo. Baseado no racionalismo, esse modelo compara o corpo a uma máquina que poderia funcionar bem ou mal, independentemente da psique. Havia também a tendência a separar religião de ciência, o misticismo e as crenças do conhecimento considerado objetivo.

Relacionamos esse modelo ao estágio proposto por Edinger (2020), no qual ocorre uma evolução na distinção/separação da consciência e do ego em relação a Self e aos conteúdos inconscientes. Destacamos, contudo, que a falta de referência à unidade corpo-mente no modelo cartesiano o distingue da compreensão de desenvolvimento daquele proposto pelo autor citado, uma vez que ele não faz referência ao eixo ego-Self que apontaria para a união inextrincável entre a consciência humana e a totalidade. Nesse sentido, as descobertas que ocorreram na biologia, relacionadas ao âmbito da matéria no período histórico ligado a esse modelo, passaram não só orientar a visão de homem e mundo, mas também a prescindir da noção de ser humano integral, composto de espírito-psique e matéria, o que contemplaria seus aspectos conhecidos e desconhecidos.

O modelo romântico – a psique passa, nesse modelo, a ocupar papel fundamental, e a irracionalidade da psique é redescoberta. O ser humano é compreendido como um todo, um campo unitário não redutível a um agregado de partes, que reage como um todo, por ressonâncias e compensações. Nesse paradigma, existe a compreensão de que o organismo humano é composto por aspectos racionais e irracionais, conhecidos e desconhecidos. A referência desse modelo à totalidade composta por aspectos racionais e irracionais, conscientes e inconscientes do ser humano nos remete à reunião ego-Self proposta por Edinger (2020), pela presença de um eixo de ligação entre a parte e o todo. Destaca-se a importância da psique, uma vez que ela exerce um papel fundamental na concepção de ser humano como totalidade.

O modelo biomédico – esse modelo tem foco no biológico, na pesquisa experimental, manipula a natureza e reduz os sistemas a partes menores. É universal, redutivo e determinista. Separa completamente biologia e Psicologia, porque a psique não se mede em laboratório. A Psicologia é inicialmente herdeira desse modelo higienista, individualista e de controle e monitoração do que escapa à norma, que propõe remediar, tratar, curar. Esse modelo não faz referência ao eixo ego-Self, que ocupa posição fundamental no modelo de desenvolvimento proposto por Edinger (2020), uma vez que não há referência à totalidade composta por mente-e-corpo.

Modelo holístico – holos vem do grego e quer dizer todo. Nesse modelo, o universo é um conjunto unitário em constante transformação. As totalidades são dinâmicas, evolucionárias e criativas, e o ser como um todo não pode ser compreendido pelas partes.

A teoria quântica contribuiu com o modelo holístico e trouxe progressos na medicina molecular, na neurobiologia e genética, ampliando a forma de ver a relação mente-corpo e saúde-doença. As descrições moleculares da vida psíquica revelaram a interdependência mente-corpo. As novas tendências falam de um princípio holístico maior que qualquer evento neurobiológico.

A teoria quântica questionou os princípios da causalidade e do determinismo, levando a profundas mudanças nas ciências humanas, biológicas, na teoria da evolução e na Psicologia. A partir das suas descobertas, a realidade passou a ser compreendida como paradoxal, indeterminada e influenciada pelo observador. Seu relativismo se baseia na concepção de que o conhecimento é relativo ao sujeito que conhece ou a um ponto de vista, o que remete ao pluralismo de perspectivas e campos do conhecimento. Por esse motivo, o indeterminismo, o relativismo e o pluralismo são características desse modelo.

Nessa perspectiva modelar, identificamos a separação ego--Self e a ação permanente do eixo ego-Self, que relaciona o que foi polarizado no âmbito social e cultural: indivíduo-coletivo, espírito-matéria, externo-interno. Nessa proposta, cabe a compreensão de que a unidade do ser humano convive com a multiplicidade de perspectivas a partir das quais ele pode ser compreendido.

Consideramos que a proposta de desenvolvimento psicológico de Edinger (2020) aplicada à compreensão dos modelos de compreensão da doença descreve um movimento geral de evolução da consciência coletiva que se afasta e se aproxima da noção de ser integral. Nela, tanto as separações/discriminações cumprem uma função relevante, bem como as integrações, que associamos à separação ego-Self e ao fortalecimento do eixo ego-Self. Mesmo os modelos cartesiano e biomédico, que deixam de fazer referência à integralidade mente-corpo e se baseiam na causalidade e no determinismo, trouxeram contribuições para o processo coletivo de ampliação da consciência, à medida que acrescentaram importantes conhecimentos sobre o âmbito da matéria que podem contribuir com a saúde global e a construção de uma visão holística do ser humano.

Uma breve súmula reflexiva sobre a história da clínica médica e psicológica

Hipócrates inaugurou a clínica médica há 2.500 anos e propôs a observação, anamnese e o exame clínico objetivando a obtenção de dados para a elaboração do diagnóstico, tratamento e prognóstico. Já a medicina romana pouco contribuiu para a clínica médica, embora tenha acrescentado aos conhecimentos de anatomia e fisiologia, graças a Galeno. Na era medieval, a Europa estagnou nesse campo de conhecimento, porquanto as grandes contribuições, nesse período, foram da Pérsia e dos países árabes. O auge da clínica médica se situa entre o final do século XVIII e o início do século XIX. Esse último foi, sem dúvida, um dos séculos mais prósperos para a área, devido às muitas descobertas no ramo da biologia e às invenções que possibilitaram a instrumentalização médica (Moreira; Romagnoli; Neves, 2007)

A transição do modo de produção que ocorreu a partir do século XVIII influenciou profundamente a sociedade e os indivíduos. As quatro etapas da revolução industrial descritas por Arruda (1984) podem ser assim descritas: a) de 1760 a 1850, caracterizada pela produção dos bens de consumo; b) de 1850 a 1900, quando se expandiu pela Europa, EUA e algumas regiões da América Latina, Japão e África; c) de 1900 a 1980, marcada pela formação das multinacionais, automatização do processo produtivo, a produção em série, o avanço da indústria química, eletrônica, comunicação e do uso do robô; d) após 1980, identificada por meio do uso intensivo da informática, que acelerou e intensificou a produção e a circulação de mercadoria. As transformações na economia, na sociedade, na política e na ideologia decorrentes dessas fases contribuíram para a instauração do modo de produção capitalista, hegemônico mundialmente, em que o mercado é a relação primordial e transforma a relação entre a natureza, os indivíduos e as nações.

Foucault (1977) lança olhares para a relação entre a produção científica da medicina e fatores sociais, políticos, econômicos tecnológicos e pedagógicos. Considera que os critérios de cientificidade que ordenam o discurso médico e fundamentam as práticas que organizam a medicina moderna tornam o corpo motivo de controle disciplinar e tecnológico. Para o autor, a modernidade instaurou o poder sobre o homem como ser vivo e, nesse processo, a medicina teve papel preponderante. Esse poder recebeu o nome de biopoder, poder sobre a vida e pode ser definido como um "[...] poder que se incumbiu tanto do corpo como da vida, ou que se incumbiu, se vocês preferirem, da vida em geral, com o pólo do corpo e o pólo da população" (Foucault, 1999, p. 302). Afirma o autor que, à medida que a "verdade" científica passou a associar-se ao poder, ela passou a ter como função a monitoração e ordenação do que escapa à norma, ocasionando consequências sobre a produção da subjetividade.

No século XX, a clínica médica aliou-se aos conhecimentos acumulados e às novas tecnologias. O incremento dos dispositivos diagnósticos, a abundância de tratamentos sofisticados e o elevado nível de especificidade conduziram à crescente especialização. A clínica médica multiplicou-se em inúmeras fragmentações e ainda delegou ao paciente a decisão sobre qual especialista buscar. Nesse momento, a clínica absteve-se do "debruçar-se sobre" proposto por Hipócrates, uma vez que é o paciente, a partir de seu sintoma, que deve avaliar a quem recorrer. Nessa perspectiva, tal nível de especialização conduziu a um afastamento da perspectiva humanista que também fundamenta a medicina (Moreira; Romagnoli; Neves, 2007).

Na esteira das mudanças sociais, econômicas, políticas e psicológicas ocasionadas em todas essas etapas da revolução industrial, desenvolveu-se o individualismo, o isolamento social e a competição que transformaram os modos de vida, anunciando uma nova fonte de problemas que exigiu uma nova ciência para pensar sobre eles. Houve uma transição de um modelo holista de sociedade para um modelo individualista. Surgiram, então, as ciências humanas, "[...] com o objetivo de compreender e intervir na ordem social da mesma forma que as ciências naturais tentavam dominar a natureza" (Laville; Dionne, 1999, p. 53-54). Segundo os autores, o surgimento das ciências humanas, inclusive o da Psicologia, esteve ligado aos interesses da nova detentora dos poderes político, econômico e social: a burguesia.

Entre o século XIX e o século XX, emergiu a Psicologia inspirada no modelo da terapia do corpo, isto é, no modelo médico, aliada a práticas higienistas para ser reconhecida como ciência. Em função disso, a clínica psicológica é herdeira do modelo médico, no qual o profissional deve observar e compreender para depois intervir, isto é, remediar, tratar, curar (Foucault, 1977). Segundo Guerra (2002), a Psicologia está ligada a uma tradição de trabalho associada ao controle, à higienização e à diferenciação, que, desde o início, esteve associada a práticas sociais, políticas e à manutenção das diferenças de classe. Nesse sentido, a luta pelo poder e pelos privilégios de classe mostrava-se na prática clínica; era, portanto, apenas em parte comprometida com o contexto social.

A Psicologia, em sua origem, inclusive a Psicologia clínica, está atrelada a uma perspectiva individualista em consonância com o pensamento moderno, no qual o sujeito se percebe como um ser singular, que conquistou o direito de exercer sua individualidade de maneira sigilosa, em segredo, de forma a resguardar-se da exposição pública. O sujeito não tem mais as estruturas holistas que organizam e oferecem sentido a sua existência; cada um tem que construir por si seus sentidos subjetivos e individuais (Dumont, 1993).

A percepção da interioridade humana foi introduzida pelo cristianismo, mas o pensamento moderno acrescentou a valorização da categoria de sujeito e da experiência de intimidade, de individualidade. Dessa maneira, surgiu a Psicologia propondo um espaço de acolhida para esse sujeito individual, o que distanciou a clínica psicológica por um bom tempo das questões sociais (Moreira; Romagnoli; Neves, 2007).

Não se pode esquecer que a ciência expressa e alimenta ideologias. Assim, a ideia de clínica neoliberal, exclusivamente ligada a um modelo individualista, está ligada à lógica do capital. Nesse sentido, afirma Sundfeld (2010), a clínica existe em interface com a política, pois todo o encontro entre modos de subjetivação é fabricado no coletivo, no plano social, em que o instituído e o novo são forças em movimento.

A partir da ligação entre saber e poder, emergiram os sistemas de vigilância da subjetividade. Esses sistemas de controle social são, na atualidade, praticados pela medicina e pela Psicologia. Ao estabelecerem o estatuto do homem saudável e "normal", tanto a medicina quanto a Psicologia exercem controle disciplinar por meio de modelos cada vez mais refinados, com o intuito de ajustar as distintas materialidades que têm a seu cargo, atuando no cotidiano dos sujeitos, normalizando a população e regulando as políticas de saúde por meio de um arsenal técnico cada vez mais especializado (Foucault, 1999).

A Psicologia entre os séculos XX e XXI

Na passagem do século XX para o XXI, houve um aumento das áreas de atuação da Psicologia e o profissional psicólogo tornou-se presença cada vez mais constante nos sistemas de saúde pública, nos centros de reabilitação, nos asilos, nos hospitais psiquiátricos e gerais, no sistema judiciário, nas creches, nas penitenciárias, nas comunidades. Seus espaços de atuação ultrapassam os consultórios, as escolas e as empresas. Esse tipo de atividade não garantiu, contudo, uma prática política (Moreira; Romagnoli; Neves, 2007).

Apesar de existirem no Brasil, desde a década de 70, grupos de psicólogos engajados em práticas sociais com reflexões políticas, essa postura não atingiu o campo da clínica vista como espaço particular de atuação, que se apresentou, de maneira geral, apolítica e distante das questões sociais. Até então, a ideia dominante de prática clínica era de atividade liberal e privada, exercida junto às classes médias e altas. Com a abertura política de 1984, a neutralidade da clínica passa as ser questionada, juntamente à ampliação dos conceitos de política e à força dos movimentos sociais (Ferreira Neto, 2004).

A pesquisa realizada pelo Conselho Federal de Psicologia (1988), com a finalidade de conhecer os campos emergentes de exercício dos psicólogos, evidenciou a clínica tradicional como prática hegemônica e centrada no indivíduo. De acordo com o órgão, essa atividade tinha objetivos analíticos, psicoterapêuticos e/ou psicodiagnósticos e se baseava em uma concepção de sujeito universal e a-histórico, com metas e fundamentos que mantêm como espaço de reprodução apartada da política. Passos e Benevides de Barros (2004), em publicação mais recente, realizam uma reflexão sobre a relação entre o momento contemporâneo, o exercício da clínica e a produção da subjetividade e propõem a articulação desse tripé com o viés político e com a necessidade de uma análise das formas instituídas da clínica.

Considera Sundfeld (2010) que a formação do psicólogo revela que a maior parte das proposições teóricas enquadra o sujeito em parâmetros preestabelecidos que minimizam as diferenciações subjetivas e não propõem inovação. Embora esse modelo venha sendo questionado, ainda se faz presente em práticas dos profissionais que reproduzem formas de amar, pensar, desejar e viver. Nessa medida, o profissional de Psicologia ainda pode ser levado a utilizar procedimentos, técnicas e ideais insuficientes de subjetivação. Ferreira Neto (2004), em suas considerações sobre a formação do psicólogo brasileiro, afirma que outras pesquisas também anunciam que a visão da prática psicológica como clínica dentro do modelo liberal privado predomina entre os estudantes e profissionais da Psicologia.

O autor considera que a clínica liberal curativa sofre um processo de declínio dentro de um cenário nacional em que os problemas sociais se multiplicam.

As produções dominantes no campo da Psicologia ainda enfatizam a formação especializada e tecnicista e perseguem homogeneizações e seguranças ilusórias perante a multideterminação da realidade. No Brasil e no mundo, atualmente, muitos profissionais entendem a clínica psicológica como prática liberal que acontece apenas no consultório particular, atrelada ao modelo individualizante, criando uma polarização entre intervenção clínica e intervenção psicossocial. Nesse sentido, a proposta de uma escuta clínica é uma postura ética e política diante do sujeito humano que tem desdobramentos no social. Não é o local que define a clínica, e sim a escuta do profissional que sem padronizar subjetividades reconhece nos seus clientes, sejam eles quaisquer grupos, indivíduos com as mais diversas demandas e os objetivos de desenvolvimento e potencialização do humano (Moreira; Romagnoli; Neves, 2007).

Atualmente, com as práticas emergentes em Psicologia já solidificadas, percebemos uma flexibilização e uma politização cada vez mais crescentes, que se associam ao desenvolvimento do trabalho clínico. Essa conduta emerge como necessária frente à multideterminação de fatores que atravessam o exercício profissional na diversidade de campos em que o psicólogo se insere. A clínica social não se refere somente ao atendimento das camadas pobres da população nem diz respeito apenas aos novos espaços de atuação em que os psicólogos estão se inserindo. É, antes de tudo, uma clínica que insiste em combater a massificação, cada vez mais presente, e buscar cada vez mais a invenção (Moreira; Romagnoli; Neves, 2007). A proposta da clínica ampliada deu mais um passo na visão de saúde, ao incluir os usuários como cidadãos participantes das condutas terapêuticas. Além disso, articulou e dialogou com os diferentes saberes para compreensão dos processos de saúde e adoecimento (Ministério da Saúde, 2023).

Muitos são os avanços introduzidos pela Psicologia a partir do século XIX: a mudança do paradigma da observação para o da escuta e, em última instância, a perspectiva de tratar o cliente como um sujeito de sua história e não como mero objeto. Houve um deslocamento do saber, uma vez que não é o terapeuta que o detém, mas o cliente. Poderíamos dizer que o cliente tem um tipo de conhecimento que o terapeuta nunca vai ter. Essa mesma clínica introduziu a questão do segredo como força motriz do processo terapêutico e fortaleceu o imaginário para tratar os sofrimentos psíquicos. Assim, o caminho para atingir a meta não seguiu a facilidade direta da remoção, da introdução ou da adição de elementos objetivos, mas da atenção ao sujeito e não necessariamente a uma patologia, como no modelo médico. E, ainda, propôs que o cliente se deslocasse ao terapeuta e não o contrário. Se, por um lado, o individualismo foi condição para o surgimento da Psicologia como ciência, por outro, ele passou a denunciar a necessidade de que essa mesma ciência refletisse sobre seus efeitos. A Psicologia dedica-se à subjetividade em oposição à reprodução, à massificação, à ingerência da vida em suas mais variadas aparições, mas devemos pensar não somente no sujeito individual, pois este também é fruto de um encontro social. Por esse motivo, a clínica passou a ser tomada como plano de produção do coletivo, como sustentação da alteridade (Moreira; Romagnoli; Neves, 2007).

Com base nas informações históricas e reflexões descritas anteriormente, identificamos diversas transformações que a compreensão de clínica psicológica vem sofrendo: o reconhecimento da multideterminação da realidade; a diversidade de campos de atuação do psicólogo; a atenção ao sujeito em suas particularidades e subjetividade sem enquadrá-lo em uma perspectiva normativa; o reconhecimento do seu saber sobre si mesmo, como sujeito da sua história e nessa medida, a clínica como uma forma de compreender o outro e praticar a alteridade; a compreensão fundamental de que ela pressupõe a relação do indivíduo com o coletivo e, portanto, também é engajada politicamente. Tais transformações podem ser consideradas, na perspectiva da Psicologia Analítica, evidência da transição paradigmática que estamos vivendo e expressão de uma mudança de estágio da consciência coletiva, que guarda correspondência a estágios arquetípicos do desenvolvimento da consciência, como veremos no item que segue.

O olhar clínico psicológico na atualidade: uma leitura arquetípica e paradigmática

Vimos, no segundo tópico deste trabalho, que os modelos de desenvolvimento psíquico apresentados pelos pós-junguianos convergem em relação a alguns aspectos básicos, considerados arquetípicos: a psique é unitária e indiscriminada ao nascer; ao longo do processo de ampliação da consciência, ocorre a discriminação do ego da totalidade original. O ego, o centro do campo da consciência, da personalidade empírica e sujeito dos atos conscientes dos indivíduos, desenvolve-se mediante as experiências que tem ao longo da vida. São criados, por meio dessas experiências, inúmeros centros de força, os complexos ideo-afetivos que têm raízes arquetípicas, dando, paulatinamente, lugar à multiplicidade e à diversidade do psiquismo.

Ao observarmos o movimento psíquico de desenvolvimento que compreende, do início ao final, a separação entre o ego e o Si-mesmo, a crescente conscientização de sua interdependência e da unidade da psique, apreendemos referências essenciais de estágios arquetípicos estudados nos quais a relação parte-todo, unidade-diversidade se apresenta permanente. Essas referências arquetípicas nos forneceram elementos para uma compreensão do desenvolvimento dos modelos coletivos de doença e o processo de cura, da clínica psicológica e, em particular, do olhar clínico psicológico para o ser humano, desenvolvida no item 3.

Vimos que no modelo primitivo há uma união homem-natureza que remete à fase original do desenvolvimento psicológico em que não há separação ego-Self. Ao passo que no modelo grego parece haver uma progressiva separação ego-Self, em seguida, no modelo cartesiano tal separação rompe com a noção de totalidade, ao apresentar uma visão de doença que se baseia na separação mente-corpo. No modelo seguinte, o romântico, ocorre um retorno à perspectiva da integridade mente-corpo, espírito-matéria, à medida que é contemplada a psique em sua dimensão irracional e desconhecida. O modelo biomédico indica novamente uma separação ego-Self, à medida que reduz a realidade humana à dimensão corporal e material e tem foco nos sistemas menores. Nesse modelo, há uma manipulação da natureza e a tentativa de dominá-la, o que indica uma ruptura com a concepção integral de ser humano que, para a Psicologia de Jung, é racional e irracional, constituída por espírito-psique-matéria, consciência e inconsciente. Ao focalizarmos as conquistas desse modelo biológico e experimental, contudo, constatamos que acrescentaram à consciência coletiva inquestionáveis recursos de promoção de saúde. Nesse sentido, o foco desse modelo na dimensão material e experimental trouxe ganhos à consciência humana, que podem ser somados a uma visão mais integrativa do ser. Embora esse modelo biomédico seja vigente e hegemônico na atualidade, já se pode observar movimentos científicos e culturais relevantes no sentido da integração das polaridades que foram cindidas, propostos pela visão holística.

Por fim, o modelo holístico, que propõe que o ser como um todo não pode ser compreendido pelas partes, baseia-se na interdependência mente-corpo. Nele, a realidade é paradoxal e indeterminada e constitui-se de intersecções entre realidade interna e externa. As relações diversas entre a parte e o todo, indivíduo e coletivo, espírito e matéria, externo e interno são consideradas, contemplando a concepção de psique unitária e múltipla. A visão holística leva em conta a participação do observador, concebe o conhecimento como relativo ao sujeito que conhece ou a um ponto de vista, o que remete ao pluralismo de perspectivas e campos do conhecimento. Podemos associar esse estágio ao momento atual da cultura científica, no qual os modelos de atenção à saúde acolhem diferentes áreas do conhecimento, públicos e formas de atuação e buscam integrá-los.

Com base nos autores citados, vimos que os desenvolvimentos recentes da Psicologia apontam para uma compreensão do sujeito que requer cuidados psicológicos como aquele que oferece as respostas sobre sua própria saúde. Dessa maneira, o olhar, a escuta, a concepção e a atividade clínica psicológica não se caracterizam pelo local em que se realizam, mas pela qualidade da atenção que oferecem ao ser humano, seja ele um indivíduo, uma família, um grupo ou nação. Assim, independentemente do lugar ou espaço em que o pensamento clínico aconteça, seja no âmbito privado ou público, em uma relação diádica, grupal ou coletiva, ele se pautará em concepções teóricas e metodológicas que refletirão uma postura diante do sofrimento ou fenômeno psicológico que se coloca diante dele.

Essa realidade mostra uma abrangência cada vez maior para o olhar clínico psicológico que ganhou espaço no exercício da profissão hoje em dia. A Psicologia atual, que se originou baseada no modelo médico de atendimento clínico realizado no consultório, hoje está presente em diferentes ambientes de trabalho e mais ainda, dedicando-se às relações entre indivíduo e sua família, à sociedade e à cultura, mostrando-se ágil na busca de transformação para atender às demandas psíquicas dos seres humanos em todas essas dimensões. Uma vez atrelada à inextricável complexidade das relações entre indivíduo e coletividade, não pode alienar-se da sua realidade social, política e cultural. Essas mudanças caracterizam a ampliação do conceito de clínica psicológica de lugar físico para "um lugar a partir do qual se olha", e podem ser consideradas aquisições da consciência coletiva que guardam correspondência com a nova deintegração sugerida por Ramos (2006), na qual o que era uno passa a ser muitos.

Essa realidade em transformação nos parece convergir com a visão de Boechat (2004, 2018, 2024) sobre a transição paradigmática que estamos vivendo. Segundo o autor, na atualidade, existe uma simultaneidade dos paradigmas da modernidade e da complexidade no mundo das ciências e na psicoterapia. O modelo moderno de compreensão da doença e do seu tratamento se aproxima tanto do modelo cartesiano como do biomédico, porque em ambos há polarizações inconciliáveis entre homem e natureza, conhecimento científico, teológico e popular, ciências da natureza e humanas, sujeito e objeto, corpo e mente. O paradigma da complexidade vem se organizando no transcorrer do último século pela dissolução das polaridades, por interseções múltiplas e pela simultaneidade de perspectivas. Ele aproxima-se das perspectivas pós-modernas, que concebem a realidade como paradoxal, indeterminada e sofrendo interferência do observador. O relativismo, que acolhe as diferentes perspectivas, e o pluralismo, que remete aos múltiplos campos que constituem a realidade, são características desse modelo.

Apesar de termos abordado, neste estudo, as transformações históricas da Psicologia ocorridas no Brasil sem focalizar o exercício clínico realizado no consultório particular, consideramos que a diversidade de modelos de compreensão e tratamento também se apresenta neste local de trabalho. As proposições teóricas fundamentais da Psicologia profunda, que também não foram citadas anteriormente, contribuíram substancialmente com a transição paradigmática. Boechat (2004, 2023) considera que a Psicologia de profundidade foi um arauto importante nessa transição, uma ciência revolucionária, uma vez que o seu conceito fundante, o inconsciente, pode ser considerado um precursor das grandes mudanças que a ciência tem sofrido. O autor afirma que Jung anunciava a dissolução da polaridade sujeito-objeto, quando defendeu que toda teoria psicológica é uma confissão subjetiva e que, em psicoterapia, a psique é o sujeito e o observador ao mesmo tempo. Indica que sua teoria da sincronicidade vai ainda mais além, uma vez que concebe a conexão entre indivíduos e mundo quando explica a relação entre fenômenos externos a eventos subjetivos como portadores de significado.

Identificamos nas proposições de Jung muito mais que conceitos, mas concepções de ser humano e do conhecimento que são patrimônio de uma Psicologia que busca esclarecer-se. Vemos na sua Psicologia as polaridades: conhecido e desconhecido, visível e invisível, matéria e espírito, entre tantas outras, como aspectos da realidade em constante relação, quase sempre em fluxo; uma visão do conhecimento como um processo dinâmico e inacabado; dos paradoxos como constituintes de uma realidade complexa, unitária e múltipla, incompreensível pela simplificação da mente causal. Essa visão se expressa em uma concepção de psique que é paradoxal, o que atesta sua aproximação ao paradigma da complexidade. Jung, identificando essa característica central na sua Psicologia, renomeou-a como "Complexa", como atestam Camargo (2007), Gui (2021), Boechat (2004), Perrone (2008), Pieri (2005), Ricelli (2010) e Shamdasani (2005).

Segundo Boechat (2004, 2024), o paradigma da complexidade vem se organizando no transcorrer do último século pela dissolução das polaridades como sendo isoladas, por interseções múltiplas e pela simultaneidade de perspectivas. Consideramos que esse paradigma pode ser associado ao estágio de desenvolvimento proposto por Edinger (2020), no qual há uma separação Ego-Self e a ação permanente do eixo que relaciona o que foi polarizado somando movimentos de separação e união, como ocorre na sua compreensão das relações indivíduo-coletivo, espírito-matéria, externo-interno, unidade e multiplicidade. Dessa maneira, observamos a Psicologia atual como reveladora de uma transformação da consciência coletiva, que tem raízes arquetípicas.

Nesse sentido, é claro que a Psicologia não só reflete a transição que estamos vivendo, mas também é essencial para que ela ocorra. Jung já prenunciava ser a Psicologia a ciência que mais precisamos:

> Estou convencido de que a pesquisa da psique é a ciência do futuro. A Psicologia é, por assim dizer, a mais jovem das ciências naturais e está apenas no começo de seu desenvolvimento. Mas é a ciência de que mais precisamos, pois é cada vez mais evidente que o maior perigo para o homem não é a fome, o terremoto, os micróbios ou o câncer, mas o próprio homem. [...] O maior perigo que ameaça os indivíduos e nações inteiras é o perigo psíquico (Jung, 2015b, p. 1.358).

Com base nessa compreensão, consideramos que a Psicologia, ao tomar a si mesma como objeto de estudo, percebe sua inserção na sociedade atual e se vê transformada: dá-se conta da sua capacidade de olhar para os movimentos sociais dos quais é sujeito (por operá-los) e objeto (por sofrê-los) — e busca ampliar consciência de si. E observa, nesse ato, que o olhar ampliado, contextualizado, que abrange as relações entre indivíduo-grupo-cultura é clínico, seja ele no consultório ou fora dele. E esse olhar, generosamente debruçado sobre a realidade, vê a alma humana transformada, seja na perspectiva individual ou coletiva; em comunidades, nas escolas, nas empresas, nas equipes multidisciplinares e nos consultórios, acresce à cultura e dela recebe estímulo para o seu trabalho.

Observamos que, se de um lado, há enormes desordens a cuidar, de outro, essas desordens também podem ser vistas como desordens da alma, com base em concepções do ser humano que não são baseadas somente na matéria, no corpo. Não é mais somente a matéria física que dá as cartas no jogo da vida. Há um movimento intrínseco à alma humana que promove alterações que podem ser observadas tanto no plano individual como coletivo. Apoiados em tais proposições, consideramos que a Psicologia atual pode representar a transição paradigmática em curso. Como afirma Progoff (1953), a psique está chamando atenção para si, em função das suas desordens e o desenvolvimento da Psicologia como um campo especializado de estudos expressa por si mesmo a desarmonia que permeia a psique do nosso tempo.

Por esse motivo, sugerimos que a psique, que escuta a si mesma em sua diversidade e complexidade, pode ser a um só tempo uma evidência da — e um importante meio de — transformação do ser humano. Convencido de que a alma é o lugar de origem e a resposta para os conflitos humanos, Jung (2011, § 753) propõe:

> E, por fim, há também pessoas sérias e pesquisadoras, inteligentes o bastante para estarem convencidas de que a alma, que todos possuímos, é o lugar de origem de todas as aflições psíquicas e, ao mesmo tempo, a habitação de todas as verdades terapêuticas que sempre foram anunciadas ao homem sofredor como mensagens de alegria. Esperamos da alma, que nos arruma os conflitos mais absurdos, que nos consiga também a solução ou, ao menos, uma resposta válida para o atormentador "por quê?"

Não é de admirar que a psique tenha buscado atenção para si mesma e promovido a multiplicação de locais, perspectivas teóricas e dimensões nas quais pode ser observada e tratada, deixando de restringir-se a determinados modelos ou locais físicos de trabalho psicológico. Assim seria se fosse ligada a uma perspectiva causal, domínio psíquico, domínio do espaço-tempo. Contrariamente a isso, ela manifesta-se de múltiplas formas no mundo atual que se transforma oferecendo diferentes formas de atenção e cuidado à esfera psíquica, uma vez que é ela mesma o maior desafio. Nas palavras de Jung (2015a, § 6): "[...] a Psicologia ainda não compreendeu nem a proporção gigantesca da sua missão, nem a perplexidade e desanimadora complicação da natureza de seu tema central: a própria psique".

REFERÊNCIAS

ARRUDA, J. J. A. *Revolução Industrial e Capitalismo*. São Paulo: Brasiliense, 1984.

BOECHAT, W. *O corpo psicóide*: a crise de paradigma e o problema da relação corpo-mente. 2004. 167 f. Tese (Doutorado em Saúde Coletiva) – Instituto de Medicina Social, Universidade do Estado do Rio de Janeiro, Rio de Janeiro, 2004.

BOECHAT, W. A transformação como evento central em psicoterapia. IJRJ, [S. l.], 2018. Disponível em: http://institutojunguianorj.org.br/a-transformacao-como-evento-central-em-psicoterapia/. Acesso em: 20 maio 2024.

CAMARGO, D. *Jung e Morin*. Crítica do sujeito moderno e educação. São Paulo: Xamã, 2007.

CONSELHO FEDERAL DE PSICOLOGIA. *Quem É o Psicólogo Brasileiro?* São Paulo: Edicon, 1988.

DUMONT, L. *Ensaios sobre o Individualismo, uma Perspectiva Antropológica Moderna*. Rio de Janeiro: Rocco, 1993.

EDINGER, E. *Ego e Arquétipo* – individuação e função religiosa da psique. São Paulo: Cultrix, 2020.

FERREIRA NETO, J. L. *A Formação do Psicólogo*: Clínica Social e Mercado. São Paulo: Escuta, 2004.

FORDHAM, M. *New developments in analytical psychology*. Londres: Routledge & Kegan Paul, 1957.

FORDHAM, M. *A criança como indivíduo*. São Paulo: Pensamento-Cultrix, 2006.

FOUCAULT, M. *O Nascimento da Clínica*. Rio de Janeiro: Forense Universitária, 1977.

FOUCAULT, M. *Aula de 17 de março de 1976*. Em Defesa da Sociedade. Curso no Collège de France (1975-1976). São Paulo: Martins Fontes, 1999. p. 285-319.

GUERRA, A. M. C. O Social na Clínica e a Clínica do Social: Sutilezas de uma Prática. *In*: GONÇALVES, B. D.; GUERRA, A. M. C.; MOREIRA, J. de O. (org.). *Clínica e Inclusão Social*: Novos Arranjos Subjetivos e Novas Formas de Intervenção. Belo Horizonte: Edições do Campo Social, 2002. p. 29-48.

GUI, R. Notas sobre a psicologia complexa de Carl Gustav Jung. Monografia apresentada ao Instituto Junguiano de Brasília (IJBsB) como requisito parcial para a obtenção do diploma de Analista Junguiano pela *International Association Analytical Psychology (IAAP)*. Brasília, 2021.

JUNG, C. G. *Freud e a psicanálise*. OC, 4. Petrópolis, RJ: Vozes, 2011. (Trabalho original publicado em 1914).

JUNG, C. G. *Vida Simbólica*: escritos diversos. OC 18/1, tr. E. Orth. Petrópolis: Vozes, 2015a.

JUNG, C. G. *Vida Simbólica*: escritos diversos. OC 18/2, tr. E. Orth. Petrópolis: Vozes, 2015b.

LAVILLE, C.; DIONNE, J. *A Construção do Saber*: Manual de Metodologia de Pesquisa em Ciências Humanas. Porto Alegre: Artes Médicas Sul, 1999.

MINISTÉRIO DA SAÚDE. A clínica ampliada e compartilhada. Brasília, DF, 2009. Disponível em: https://bvsms.saude.gov.br/bvs/publicacoes/clinica_ampliada_compartilhada.pdf. Acesso em: 5 nov. 2023.

MOREIRA, J. M.; ROMAGNOLI, R. C.; NEVES, E. O. O Surgimento da Clínica Psicológica: Da Prática Curativa aos Dispositivos de Promoção da Saúde. *Psicologia Ciência e profissão*, [S. l.], v. 27, n. 4, p. 608-621, 2007.

NEUMANN, E. *História da Origem da Consciência*. São Paulo: Cultrix, 1990.

PASSOS, E.; BENEVIDES DE BARROS, R. Clínica, política e as modulações do capitalismo. *Lugar Comum*, Rio de Janeiro, n. 19-20, p. 159-71, 2004.

PENNA, E. M. D. *Um Estudo sobre o Método de Investigação da Psique na Obra de C. G. Jung*. 2003. 226 f. Dissertação (Mestrado em Psicologia) – Programa de Psicologia Clínica, Pontifícia Universidade Católica, São Paulo, 2003.

PENNA, E. M. D. O paradigma junguiano no contexto da metodologia qualitativa de pesquisa. *Psicologia USP*, São Paulo, v. 16, n. 3, p. 71-94, set. 2004.

PERRONE, M. P. M. S. B. *Complexo, conceito fundante na construção da Psicologia de Carl Gustav Jung*. 2008. 155 f. Tese (Doutorado em Psicologia) – Instituto de Psicologia, Universidade de São Paulo, São Paulo, 2008.

PIERI, P. F. *Introdução a Carl Gustav Jung*. Tradução de José Jacinto Correa Serra. Rio de Janeiro: Edições 70, 2005.

PROGOFF, I. *Jung's Psychology and its Social Meaning*: an introdutory statement of C. G. Jung's psychological theories and an interpretation of their significance for the social sciences. 1. ed. New York, USA: Routledge, 1999. (Trabalho original publicado em 1953).

RAMOS, D. *A Psique do Corpo* – a dimensão simbólica da doença. São Paulo: Summus, 2006.

RICELLI, I. de O. Sincronicidade: dados e perspectivas. 2010. 141 f. Dissertação (Mestrado em Psicologia Clínica) – Pontifícia Universidade Católica de São Paulo, São Paulo, 2010.

SHAMDASANI, S. *Jung and the making of Modern Psychology*: The Dream of a Science. Cambridge: Cambridge University Press, 2005.

SOUSA SANTOS, B. *A crítica da razão indolente*. São Paulo: Cortez, 2000.

SUNDFELD, A. C. Clínica ampliada na atenção básica e processos de subjetivação: relato de uma Experiencia. *Physis,* Revista de Saúde Coletiva, Rio de Janeiro, v. 20, n. 4, p. 1079-1097, 2010.

Masculinidades em movimento: poesia e transformação

Raul Alves Barreto Lima

Este texto é fruto de uma pesquisa de doutorado desenvolvida no Programa de Psicologia Clínica da PUC-SP (Núcleo de Estudos Junguianos). O referido trabalho foi originalmente nomeado como "Masculinidades nômades: transformações e movimento, arte e pertencimento – tornar-se homem na contemporaneidade", e é certo que se trata de um grande desafio apresentar mais sinteticamente aqui o volume de um denso trabalho. De todo modo, a ideia deste texto será apresentar às leitoras e aos leitores os recortes mais relevantes da pesquisa.

Como ponto de partida, condensamos as reflexões na seguinte questão norteadora: reconhecendo a arte como um importante recurso criativo e como um meio de expressão de conteúdos psíquicos, as poesias produzidas por esses homens e o pertencimento e relações estabelecidas nesses grupos e nos espaços que transitam, podem ser mediadores no sentido de auxiliar na promoção de mudanças e ressignificações das masculinidades exercidas por esses homens, pensando nos possíveis conflitos e desafios emergentes entre os variados modelos possíveis de expressão das masculinidades?

A partir desse grande questionamento, desenvolvemos os objetivos da seguinte forma: como objetivo geral, procuramos investigar o olhar subjetivo e os significados que homens poetas e participantes de *slams* e saraus de poesia na cidade de São Paulo e Grande São Paulo têm de suas masculinidades, e suas experiências de ser homem nas periferias; e como objetivos específicos, analisar os possíveis conflitos associados ao exercício das masculinidades e os possíveis desafios existentes; investigar se a participação em saraus e *slams* de poesia pode contribuir para a percepção de mudança pessoal na vida desses homens; analisar imagens simbólicas referentes às expressões das masculinidades.

Uma das fases da pesquisa consistiu na realização de entrevistas intensivas — conforme proposto por Charmaz (2006, p. 25-27) — com cinco homens poetas participantes ativos de *slams* e saraus de poesia. A seguir, apresentaremos brevemente cada participante, reforçando que por motivos de preservação do sigilo, os nomes fictícios foram escolhidos por eles ao final da entrevista considerando toda a mobilização da pesquisa, sendo solicitado que escolhessem um nome de algum homem que fosse fonte de referência.

Após a realização das entrevistas individuais e imersão nos conteúdos das falas de cada participante, objetivando um diálogo transversal, criamos grupos temáticos e temas a fim de condensar os conteúdos em suas similaridades e aproximações. Na sequência, apresentaremos os resultados de cada grupo temático.

Arte poética

Como primeira categoria temática temos a "arte poética", a qual contém temáticas relativas às "*motivações, inspirações, e iniciações*", "*vivências e experiências*", "*temáticas e escritas*", e "*corpo performático e corpo ouvinte*".

Neste grupo temático, os participantes comentaram sobre as suas aproximações iniciais com a poesia e do quanto as suas produções estavam conectadas com o rap e o hip-hop, referências para o próprio desenvolvimento das artes periféricas, como os *slams* e saraus de poesia. De acordo com Pedro, seu fazer poético tem uma função simultaneamente singular e coletiva, pois ao mesmo tempo ele confessa que através da arte ele podia trabalhar com os seus sentimentos e "*tirar para fora e materializar nos versos*", e também podia "*conhecer muitas pessoas e regiões*" atravessando extremos das cidades vagueando errante nos vagões dos trens e metrôs.

Nessa linha, os demais participantes também relataram que as temáticas costumavam tratar de revolta, sofrimento e resistência, e que com isso também era possível cuidar e se alegrar coletivamente. Aqui percebemos uma tonalidade um pouco mais coletiva, mas as instâncias particulares e coletivas sempre se evidenciaram entrelaçadas, e fomos percebendo que ambas as dimensões se nutriam e impulsionavam simultaneamente uma por meio da outra. Donizete, por exemplo, declara que a performance poética e o pertencimento artístico serviam para que pudesse falar, ser visto e reconhecido, e com isso podia *"resgatar autoestima"*, assim como passar *"da revolta para a esperança"*. Percebemos que a expressão criativa, ainda que se trate de temáticas permeadas por muita dor e sofrimento, objetiva em algum nível o alcance de funções mais construtivas, como a própria criatividade nos sugere.

Tratando-se de performance, sobretudo nos *slams* em que as poesias devem ser obrigatoriamente autorais, esse caráter performático fica ainda mais afetivamente carregado, pois se trata de verdadeiros testemunhos pessoais sobre as mais variadas vivências e temáticas. Nesse sentido, a performance foi entendida como um momento sempre único, irrepetível, que proporcionava o compartilhamento de intimidades, afetos, trocas e aprendizados, juntamente com a conexão e envolvimento com as pessoas, como mencionado por Hélio, que, denominando-se como *"poeta do sentimento"*, buscava falar sobre o amor e compreendia o *slam* como uma *"afirmação de vida"*. Ainda nesse tópico, tivemos a forte declaração de Arnaldo quando afirmou que por meio de suas performances e poesias busca *"fazer com que as pessoas consigam chegar ao máximo da expressão de sua sensibilidade"*, e é nesse sentido que, pensando nas nuances entre o corpo performático e corpo ouvinte, uma escuta autêntica necessita da real abertura para a afetação pela/o outra/o e vice-versa.

> Escutar é obviamente algo que vai mais além da possibilidade auditiva de cada um. Escutar, no sentido aqui discutido, significa a disponibilidade permanente por parte do sujeito que escuta para a abertura à fala do outro, ao gesto do outro, às diferenças do outro (Freire, 2023, p. 117).

Quando tratamos sobre as temáticas mais presentes nesses contextos, surgiu o tópico sobre as temáticas referente a gênero, machismo, homofobia etc., momento em que afirmaram que, por se tratar de ambientes constituídos pela diversidade, as novas experiências advindas dos encontros e poesias produzidas por pessoas LGBTQIA+ proporcionaram uma ampliação da visão de mundo, a desconstrução de estereótipos pessoais, e a reconfiguração das relações de uma forma geral. Sobre esse tema, tivemos a declaração de Ernesto que disse ter as suas divergências políticas e críticas ao identitarismo, mas que ao escutar um/a jovem pertencente à comunidade LGBTQIA+ afirmando positivamente a sua identidade e externalizando seus sofrimentos, ele emociona-se.

Pudemos perceber o quanto a arte poética produzida nesses espaços remetia à escrita como um fator externalizante das próprias emoções que intencionava transformar dor, sofrimento e revolta em funções mais construtivas, indicando possibilidades de elaboração e transformação psíquica. Quando escutamos sobre as revoltas e as inúmeras poesias que retratavam dores muito profundas atreladas à desigualdade e à exclusão social, à misoginia, ao racismo, à LGBTQIA+fobia, recordamo-nos de James Hillman quando declara que a arte não deve ser entendida apenas enquanto pertencente ao belo, ao suave, ao contemplativo, mas que também trata de repulsa, incômodo, reatividade, agressividade, logo, também traz "desordem e desconforto para nossas vidas anestesiadas" (Hillman, 2018, p. 285). De todo modo, considerando a arte produzida nos *slams* e saraus de poesia, ficamos também com bell hooks quando afirma que "A arte deve e pode ser o lugar que nos oferece uma alternativa, uma visão libertadora" (hooks, 2022a, p. 203), e partindo dessa perspectiva, talvez possamos sustentar uma arte que em sua função criativa também pode ser transformativa e, por isso, igualmente curativa.

Pensando-se no arcabouço teórico da Psicologia Analítica, uma das imagens que inicialmente foi fazendo a sua envolvente aparição no contexto de pesquisa foi o arquétipo do *Trickster*, o qual fomos escutando e compreendendo a partir desse homem poeta, artista--trabalhador, operário, artesão e artífice da palavra, objetivando escancarar e estremecer as sombras da ordem estabelecida em suas desigualdades por meio da transgressão e subversão, e nesse aspecto recorremos ao próprio Jung quando afirmou que "A vida criadora fica sempre acima da convenção" (Jung, [1932] 2013a, p. 191, § 305).

Partimos de uma compreensão de que a arte fala por meio de múltiplas linguagens, e essas questões também foram mencionadas por Pedro quando afirmou que a arte também "*cutuca*", "*coloca o dedo lá na ferida*", e é por essas razões que ela também encontra resistências, como o período em que vivenciamos a Ditadura Militar no país em que muitos/as artistas foram censurados, oprimidos e perseguidos, assim como a arte em si mesma.

Na linguagem do hip-hop, desvelar e subverter as conformações para com as inúmeras desigualdades estruturais de nossa sociedade seria como "pegar a visão" por meio do quinto e principal elemento do hip-hop, certamente, seu objetivo máximo: o conhecimento (Zibordi, 2015, p. 29) que possui forte ligação com o próprio processo de ampliação de consciência-conscientização. E se para o hip-hop o objetivo é adquirir conhecimento e ter atitude (Nascimento, 2012, p. 10), então encontramos nesse sentido uma síntese que se fundamenta objetivamente na *práxis*, ou seja, agir concretamente a partir de um conhecimento adquirido.

A atividade criativa aqui também pode ser pensada não apenas como um movimento puramente singular, mas paralelamente como um ato criador no sentido de abrir espaço para a criação de algo novo, de dar novos significados às experiências, e se considerarmos o quanto cada um foi mencionando sobre suas ligações com o próprio hip-hop e o rap, veremos que as inspirações iniciais se nutriram prioritariamente desse campo cultural e artístico, levando-os a estabelecer outras formas de relacionamento, inclusive na vida cotidiana.

Podemos pensar então nos contextos do hip-hop, rap, *slams* e saraus de poesia como espaços que oportunizam uma forma de se testemunhar as próprias intimidades, as quais são compartilhadas repetidamente em um contexto grupal e coletivo e que de alguma forma parecem apontar para um aspecto construtivo e finalista, uma vez que ao testemunhar aspectos íntimos e profundamente pessoais, também há aí nessa atividade uma tentativa de se elaborar experiências individuais a partir das relações coletivas.

Relações

Nesta segunda categoria temática, tratamos das "relações", que contêm temáticas relativas a *"amizades"*, *"família"*, *"amores"*, *"lugares"*, *"referências"*, e *"renascer e reinventar o pai"*.

Um dos tópicos iniciais dentro desse grupo temático naturalmente se refere ao pertencimento. Nas palavras de Pedro, encontramos a noção de pertencimento vinculada ao senso de comunidade, compreendido *"como uma forma de apoio, de força, de estreitamento de laços"*, consequentemente, promotor de rede de *"trocas, vivências, e histórias parecidas"*. Na esteira desse tópico, necessariamente fomos levados às configurações das relações de uma forma geral, sobretudo dos comentários que atestaram sobre as mudanças nas relações pessoais de cada homem participante.

Sobre essas mudanças, os participantes comentaram que em virtude desses rearranjos relacionais vivenciados a partir do pertencimento nos contextos artísticos-culturais nos quais circulam toda uma série de valores opostos às lógicas de dominação e perpetuação das violências de uma forma geral, inevitavelmente eles foram revendo a si mesmos do ponto de vista autocrítico. A partir desses novos encontros e mobilizações, as amizades e relações amorosas do passado foram ganhando outras tonalidades, mais próximas do cultivo de lógicas mais inclusivas e horizontais. Nesse sentido, eles manifestaram sobre o distanciamento de amizades que conformavam com os modelos hegemônicos de masculinidade (Connell, 1987, 2005; Messerschmidt, 2012, 2018), assim como deixaram de agir de formas mais controladoras, agressivas e ciumentas em suas relações amorosas.

Esse processo de desconstrução, entendido como algo permanente, foi compreendido como um conflito propulsor para se encontrar modelos alternativos de masculinidades, modelos esses ancorados em noções como abertura, troca, diálogo, escuta, cuidado, reflexão, acolhimento, sensibilidade, parceria etc.

Também neste grupo temático, tivemos as relações familiares como ponto mobilizador de afetos, principalmente relacionado à figura paterna. É interessante apontar que os próprios participantes da pesquisa construíram relacionamentos com níveis de estreitamento muito familiares, como o fato de que Ernesto, Pedro e Donizete se conheceram no contexto de participação e pertencimento nos *slams* e saraus de poesia e, a partir dessa amizade, Ernesto convidou Pedro e Donizete para serem padrinhos de seu filho, o Ravi. Também tivemos o estreitamento de laços entre Arnaldo e Hélio, que a partir das relações com seus respectivos pais e das poesias produzidas que tratavam dessa importante figura masculina, conjugaram conjuntamente a elaboração de suas próprias memórias referentes à imagem de seus pais e às figuras masculinas em suas vidas.

Nesse caso em específico, Arnaldo falava da ótima relação que tinha com o seu pai e que uma das suas poesias mais conhecidas buscava enaltecer as boas lembranças de seu falecido pai. Já Hélio não teve a mesma relação positiva com o seu pai, e relatava a busca que tivera para encontrar figuras masculinas que preenchessem esse vazio. Assim Hélio nos contou sobre a relação de Arnaldo com seu pai: *"puta, legal esse amor que ele tem pelo pai, né? Será que um dia eu vou conseguir ter esse sentimento com meu pai assim? De conseguir ter essa troca possível, sabe? De viver numa boa, de ter uma lembrança afetiva assim?"*. A partir dessa relação de amizade entre eles, contaram que em uma oportunidade puderam apresentar a conjugação de duas poesias que tratavam da figura de pai (Arnaldo) e amigo (Hélio) na vida de ambos, as quais tratavam do tema da paternidade e a saudade, da presença e da ausência, da proteção e segurança, da lembrança e da memória.

E já que tratamos da imagem de pai, é importante dizer que Ernesto era o único participante da pesquisa que, à época, seria pai — sua companheira estava na reta final da gestação. Ernesto relatou-nos sobre os conflitos que tivera com seu próprio pai em sua história, declarando também dos conflitos e angústias que tinha com a própria paternidade que ele mesmo gestava psiquicamente. Nas palavras de Ernesto, ele inicialmente desejava ter uma filha, pois antes receava que, ao ter um menino, ele poderia se distanciar afetivamente dele no futuro.

Vejamos aqui que, por mais que muitas das vezes possamos expressar visões e valores mais desconstruídos a respeito das relações de gênero, o ordenamento de gênero somado às nossas vivências e expectativas pessoais também refletem as dificuldades de se distanciar mais efetivamente dos modelos mais enrijecidos e hegemônicos em torno das representações de gênero. Naquela altura, Ernesto já dizia estar mais tranquilo quanto ao fato de ser pai de um menino, mas é inegável que apenas a experiência concreta que ele viesse a construir com Ravi poderia determinar qual o grau de afetividade na relação pai e filho, e não a pura equação absolutizada em torno do gênero (menino ‹–› distanciamento afetivo; menina ‹–› aproximação afetiva). Para tanto, Ernesto precisaria trabalhar com suas próprias angústias em torno das suas experiências de vida de *constituir-se e tornar-se homem* e as possíveis expressões alternativas de masculinidades, para assim reinventar a própria imagem internalizada de pai a fim de fazer nascer a sua própria paternidade.

Neste grupo temático, a noção de pertencimento perpassou as narrações dos participantes com muita força, e reconhecendo os espaços artísticos-culturais dos *slams* e saraus de poesia enquanto lugares de ritualização e mobilização afetiva e psíquica. Partindo dessas considerações e do fato de que a arte nesses contextos se configura como um importante elemento de criação e criatividade psíquica, fomos compreendendo que as poesias performadas funcionavam como uma ritualização coletiva em torno de memórias e vivências muito particulares em muitas das vezes, de forma a *fazer mover* e *ser movida* por uma pulsante energia psíquica (pessoal e cultural) e, diante disso, inevitavelmente fomos levados a reconhecer a presença do fazer alma (Hillman, 2010a) a partir das vibrações da alma do mundo e da alma do lugar nesse processo permanente de construir comunidades e intimidades (Jung, [1946] 2011; Hillman, 2010b, 2018; Casey, 2004).

Sendo então os *slams* e saraus de poesia lugares de testemunho das memórias individuais e coletivas de formas ritualizadas e simbolizadoras, remetemos também às considerações de Watkins e Shulman (2008) quando tratam de uma psicologia da libertação, essa que busca fundir cada vez mais o mundo singular individual junto ao mundo externo e coletivo em suas qualidades reparativas, curativas e libertadoras.

Todas essas considerações ficam mais coloridas quando nos recordamos das poesias de Arnaldo que apontavam para o desejo de *não deixar o pai morrer*, e as poesias de Hélio que ilustravam sua jornada heroica com as figuras masculinas e as transformações do *poeta do sentimento*.

Também tivemos como exemplo os conflitos de Ernesto em torno da relação com o seu próprio pai, assim como as angústias e ansiedades provenientes da construção de sua própria paternidade. A partir de suas narrações, percebemos a dialética presente na dinâmica arquetípica do *Puer-et-Senex*, o novo e o velho, *Cronos* e *Kairós*; o pai e o filho. O pai do passado e o pai que ainda virá. O pai que precisa renascer e o pai que precisa ser re-inventado.

Se na categoria anterior mencionamos o arquétipo do *Trickster*, um outro par arquetípico foi fazendo a sua aparição quando refletimos sobre as "expressões humanas da vivência do tempo" (Bernardi, 2010, p. 22) e as qualidades impermanentes, nomádicas e transgressoras da ordem vigente, e da necessidade de parar para conservar, assimilar e refletir sobre uma experiência de forma mais crítica, profunda, prolongada.

Falamos então do arquétipo *Puer-et-Senex* (Bernardi, 2010) que em nossa pesquisa surgiu construtivamente em alguns exemplos como o próprio impulso de deslocamento, da novidade, do atravessamento de extremos e abertura de caminhos, brechas e passagens, provocador das formas rígidas da cultura, da rapidez e velocidade imparável das palavras, da vivência entusiasmada nas artes e relações. Por outro lado, trataram também da necessidade de cultivar uma sabedoria mais prática, sólida, de saber se fixar, criar raízes, esperar o tempo ao invés de evadir, escapar. Como exemplo, tivemos o comentário de Ernesto ao declarar que antes de ser pai, vivia uma *"vida cigana"*, mas que ele e sua companheira precisavam aguardar as imprevisões e indeterminações do *"tempo do bebê"* antes de saber para onde e como voltar a caminhar de forma cigana.

Transformações

Por fim, temos a terceira e última categoria temática, a qual contempla temas como *"hegemonias e alternativas"*, *"preconceitos e discriminações"*, *"dores e conflitos"*, e *"aprendizados e mudanças"*.

Um dos tópicos principais trazidos nesta última categoria tratou de relatos gerais sobre discriminações, opressões e violências, assim como a não tolerância com práticas preconceituosas nesses contextos artísticos-culturais. Pedro, por exemplo, contou-nos que inicialmente sofreu muita discriminação por fazer poesia nos trens e metrôs e receber comentários agressivos de que *"aquilo não era arte"*, que *"não era trabalho"*, e que *"era coisa de vagabundo"*. Entretanto também comentou que muitas pessoas se encantavam e demonstravam gestos e palavras de afeto quando escutavam as performances poéticas.

Já Ernesto e Donizete relataram respectivamente que nos espaços dos *slams* e saraus de poesia, as práticas machistas — e todas as formas de preconceito e discriminação — não são toleradas; e que, numa determinada oportunidade, um membro da organização de um *slam* de que participam passou a agir agressivamente com uma ex-companheira, puxando-a pelo braço. Aquela cena mobilizou o grupo como um todo e a organização tomou como deliberação de expulsá-lo da organização do coletivo de *slam*, afinal, essa prática violenta e machista não condiz com o que circula nesses agrupamentos coletivos em termos de ideais, valores e comportamentos.

Nessa linha de discussão, Donizete apresentou-nos três pontos muito importantes quando falou sobre: a necessidade de intervenções em contextos masculinos, sobre a mudança de comportamentos dos homens a depender das variações de contextos que transitam, e sobre o policiamento e autopoliciamento das performances de gênero entre homens. Como exemplo, falou da necessidade de intervir em contextos masculinos quando se apresenta uma fala e/ou comportamento machista, homofóbico etc., afirmando que costuma dizer *"pô, mano, essa frase aí não é muito da hora de se falar"*, e em seguida sintetiza a fundamental necessidade de cultivar a virtude da coerência entre o discurso e a ação quando declara que *"Tem que ter essa práxis, né?"*.

Seguindo com Donizete e indo um pouco mais profundamente nas reflexões sobre as estruturas do sexismo, machismo, misoginia e homofobia que sustentam a estrutura patriarcal de dominação e opressão, a qual fundamenta e contribui para a introjeção e reprodução geracional desses modelos enquanto visão de mundo e comportamentos, ao pensar sobre os desafios de se desconstruir essas lógicas, ele afirma que *"a gente tem que tentar ser essa referência masculina diferente para as crianças"*. Essa é uma provocação e convite aos homens para a reflexão crítica sobre as formas de construir e expressar as suas masculinidades se pensando nos distanciamentos para com o modelo hegemônico e objetivando a expressão de modelos alternativos de masculinidades.

É interesse apontar que, ainda nessa linha de raciocínio, Hélio afirma que *"Alguma voz que seja similar a essa que oprime, vai precisar falar de alguma forma, né?"*. Nesse sentido, podemos inferir que a própria escuta dos homens pode encontrar melhores formas de aceitação, sustentação do desconforto, ressonância e autocrítica quando a provocação sobre essas temáticas parte de uma voz similar, diminuindo então as resistências e reatividades que costumam funcionar defensivamente no sentido de impedir a capacidade de reverem a si mesmos de modo autenticamente autocrítico.

Os participantes ainda destacaram que, com o objetivo de desnaturalizar progressivamente as representações e características rígidas em torno dos gêneros, saindo então de uma conformação para com as imposições de gênero para formas mais plurais e diversas em termos de performances masculinas, cultivaram como hábito comportamentos que se pautaram no diálogo, na expressão dos sentimentos, e no contato físico que não passava pela agressividade e violência. Inevitavelmente, esse tema perpassou as práticas homofóbicas cotidianas que funcionam como anteparo para a sustentação da masculinidade hegemônica. Ou seja, a masculinidade em sua hegemonia necessita da hetenormatividade e da homofobia para se sustentar enquanto hegemonia (Connell, 2000, p. 102), e essas provas e provações cotidianas concernentes ao ordenamento de gênero tal como estamos discutindo aqui, perpassam uma atividade incessante de policiamento das masculinidades (Reigeluth; Addis, 2016).

As vivências em torno de práticas homofóbicas e performances hipermasculinizadas que funcionam de modo a forçar que meninos e homens se façam pertencentes à hegemonia — ou que não sejam deslocados coletivamente desse enquadramento de gênero a partir de pactos grupais que dão sustentação à masculinidade hegemônica —, são constantes na vida dos meninos e homens, geralmente constituindo-se de experiências afetivamente carregadas de pressão, medo, reatividade, vergonha, angústia, ansiedade, agressividade, raiva, constrangimento, insegurança, humilhação etc. Essa temática ficou muito evidente quando todos os homens participantes declararam uma série de experiências em suas socializações as quais indicavam que estavam sempre fazendo ou deixando de fazer algo a fim de provar as suas masculinidades em contextos grupais, justamente para que não fossem contestados diante da masculinidade idealizada no enquadre hegemônico.

> Masculinidade hegemônica não é um tipo de caráter fixado, sempre o mesmo e em todo lugar. É, ao contrário, a masculinidade que ocupa uma posição hegemônica em um determinado padrão de relação de gênero, posição sempre contestável. [...]. Masculinidade hegemônica pode ser definida como a configuração de práticas de gênero as quais

corporificam a resposta atualmente aceita ao problema da legitimidade do patriarcado, a qual garante (ou é levado a garantir) a posição dominante dos homens e subordinação das mulheres (Connell, 2005, p. 76-77).

De acordo com Connell (1987), "a masculinidade hegemônica é sempre construída em relação a diversas masculinidades subordinadas, assim como em relação às mulheres" (p. 183). Ainda, "as relações entre as diferentes formas de masculinidade são uma parte importante de como a ordem patriarcal social funciona" (p. 183). Contudo, mais do que reconhecer que existe mais de um modelo de masculinidade, é necessário examinar as relações entre eles (Connell, 2005, p. 76; Connell, 2016, p. 99-100).

Dentro desses enquadramentos que apresentamos, relacionamos também os relatos desses homens a partir das expressões de uma *persona* hipermasculinizada, as quais eles indicaram que em algum momento de suas vidas passaram gradativamente a gerar desconfortos, angústias e conflitos. Nesse sentido, recordamo-nos da própria definição de Jung com relação à *persona* enquanto um aspecto de nossa psique que revela um aspecto parcial de nossa identidade pensada como a face a partir da qual nos adaptamos, mostramos — e ocultamos —, e relacionamos com o mundo (Jung, [1921] 2013b, p. 231, § 420). E retomando sobre os desconfortos, angústias e conflitos, percebemos que a partir dos relatos desses homens, cada um à sua maneira e com as suas condições, enveredaram-se por caminhos em que ora conformavam com a hegemonia, ora buscavam se desidentificar e diferenciar dos papéis em torno dessa *persona* hipermasculinizada (Jung, [1928] 2012, p. 82-86, § 305-310) a fim de encontrar, incorporar e encarnar masculinidades alternativas.

A partir disso, os participantes discorreram mais efetivamente sobre esses processos de mudança, em muitos momentos permeados de conflitos, tensões e sofrimentos, mas igualmente possibilitadores de aprendizados e transformações. Como exemplo, temos o exposto por Pedro quando diz aos homens que é preciso que tirem "*essa capa*" aparentemente heroica, remetendo a essas figurações performáticas — muitas das vezes exageradas — de uma *persona* hipermasculinizada que, geralmente atuando de forma caricata e inautêntica, está em algum grau distanciada de seu mundo interior e seus desejos mais genuínos. Recordamos então da importante advertência de Tacey quando declara que "antes de refazermos as masculinidades, precisamos primeiramente desfazê-las" (Tacey, 1997, p. 14).

Radicalizando, fechamos esta apresentação dos resultados com a declaração de Pedro quando, pensando de forma abrangente sobre o sexismo, machismo e misoginia, e aqui estendemos para toda e qualquer forma de opressão, injustiça e discriminação, afirma que "*A gente tem que destruir, não é nem desconstruir, destruir esses pensamentos de fato assim, na base*".

Podemos encerrar dizendo que confirmamos então a hipótese contida em nossa questão norteadora a respeito das possibilidades e potencialidades transformativas da arte poética, das relações estabelecidas e do pertencimento nos contextos de *slams* e saraus de poesia, pois demonstraram funcionar como mediadores dos conflitos a respeito das experiências e significados das masculinidades, colaborando então para a abertura de caminhos de ressignificação e transformação nas práticas e sentidos atribuídos às masculinidades dos homens poetas, consequentemente, para as próprias relações de gênero de uma forma geral.

REFERÊNCIAS

BERNARDI, C. Senex-et-puer: esboço da psicologia de um arquétipo. *In*: MONTEIRO, D. da M. R.. *Puer-Senex: dinâmicas relacionais*. Petrópolis, RJ, Vozes, 2010, p. 17-53.

CASEY, E. *Sprit and soul*: essays in philosophical psychology. 2. ed. Putnam: Spring Publications, 2004.

CHARMAZ, K. *Constructing Grounded Theory*: a practical guide through qualitative research. London: Sage Publications, 2006.

CONNELL, R. *Gender and power*: Society, the Person, and Sexual Politics. California: Stanford University Press, 1987.

CONNELL, R. *The man and the boys*. California: University of California Press, 2000.

CONNELL, R. *Masculinities*. California: University of California Press, 2005.

CONNELL, R. *Gênero em termos reais*. São Paulo: nVersos, 2016.

D'ALVA, R. E. Um microfone na mão e uma ideia na cabeça: o *poetry slam* entra em cena. *Synergies Brésil*, n. 9, p. 119-126, 2011.

FREIRE, P. *Pedagogia da autonomia*: saberes necessários à prática educativa. São Paulo: Paz e Terra, 2023. HILLMAN, J. *O pensamento do coração e a alma do mundo*. Campinas, SP: Verus, 2010a.

HILLMAN, J. *Ficções que curam*: psicoterapia e imaginação em Freud, Jung e Adler. Campinas, SP: Verus, 2010b.

HILLMAN, J. *City and soul*. Dallas: Spring Publications; Uniform Edition, 2018.

hooks, b. *Escrever além da raça*: teoria e prática. São Paulo: Elefante, 2022.

JUNG, C. G. Considerações teóricas sobre a natureza do psíquico. *In*: JUNG, C. G. *A natureza da psique*. OC. 8/2. Petrópolis, RJ: Vozes, 2011. (Original escrito em 1946).

JUNG, C. G. Anima e animus. *In*: JUNG, C. G. *O eu e o inconsciente*. OC. 7/2. Petrópolis, RJ: Vozes, 2012. (Original escrito em 1928).

JUNG, C. G. Da formação da personalidade. *In*: JUNG, C. G. *O desenvolvimento da personalidade*. OC. 17. Petrópolis, RJ: Vozes, 2013a. (Original escrito em 1932).

JUNG, C. G. O problema dos tipos na arte poética. *In*: JUNG, C. G. *Tipos Psicológicos*. OC. 6. Petrópolis, RJ: Vozes, 2013b. (Original escrito em 1921).

MESSERSCHMIDT, J. W. Engendering gendered knowledge: assessing the academic appropriation of hegemonic masculinity. *Men and Masculinities*, v. 15, n. 1, p. 56-76, 2012.

MESSERSCHMIDT, J. W. *Hegemonic masculinity*: formulation, reformulation, and amplification. London: Rowman & Littlefield Publishers, 2018.

NASCIMENTO, E. P. do. *"Literatura marginal"*: os escritores da periferia entram em cena. 2006. 211 f. Dissertação (Mestrado em Antropologia Social) – Universidade de São Paulo, São Paulo, 2006.

NASCIMENTO, R. M. do. *A performance poética do ator-MC*. 2012. 150 f. Dissertação (Mestrado em Comunicação e Semiótica) – Pontifícia Universidade Católica de São Paulo, São Paulo, 2012.

REIGELUTH, C. S.; ADDIS, M. E. Adolescent boys' experiences with policing of masculinity: forms, function, and consequences. *Psychology of Men and Masculinity*, v. 17, n. 1, p. 71-83, 2016.

TACEY, D. *Remaking men*: Jung, Spirituality and Social Change. Londres: Routledge, 1997.

WATKINS, M.; SHULMAN, H. *Toward psychologies of liberation*: critical theory and practice in psychology and the human sciences. London: Palgrave Macmillan, 2008.

ZIBORDI, M. A. *Hip-hop paulistano, narrativa de narrativas culturais*. 2015. 241 f. Tese (Ciências da Comunicação) – Universidade de São Paulo, São Paulo, 2015.

8

O efeito do pai ausente

Susan E. Schwartz
(trad. Daniel Yago)

Você não se afoga ao cair num rio,
mas ao permanecer submerso nele.
(Paulo Coelho)

Nossas questões são: o que ausência significa? O que poderia preenchê-la? Como o reconhecimento da ausência levaria à presença em uma nova repetição de relações com os pais? Esse processo se aplica tenham os pais estado ausentes de forma física, emocional ou psicológica.

Jung ([1964] 1970) disse, em 1947:

> Vivemos em tempos de grande perturbação: as paixões políticas estão em chamas, as convulsões internas levaram as nações à beira do abismo... Este estado crítico das coisas tem uma influência tão tremenda na vida psíquica do indivíduo que... O psicólogo não pode evitar enfrentar a história contemporânea.

O psicanalista francês André Green comentou: "A ausência só pode ser suportada se for reconhecida como tal" (Kohon, 1999, p. 165). Trata-se de uma história de amor, muitas vezes não correspondida. A presença da ausência afeta fortemente o corpo, a mente e a alma. Reconhece-se que o pai é um aspecto importante da psique, expressado tanto pessoal como culturalmente. Quando um pai está ausente de forma emocional ou física, o filho questiona seu próprio valor e merecimento de amor por si mesmo e por outros. Filhos e pais constituem uma história de desejo e, como todos os objetos do desejo, é uma história poderosa e evocativa. A capacidade de crescimento, desenvolvimento, agência criativa e amor depende, em parte, da existência na mente, nos olhos e no olhar da figura paterna, em uma dança de ressonância sintonizada, rítmica e imperfeita. À medida que a pessoa aprende a se recuperar dessas feridas, a ausência do pai solicita um novo espírito de expressão de alegria, diversão e espontaneidade na vida. A jornada é de reparação. A forma como preenchemos o espaço ausente torna-se crucial para a transformação e desenvolvimento da personalidade, física e culturalmente.

Embora estejam presentes outros fatores no desenvolvimento, como a mãe, a cultura, os papéis de gênero aprendidos, entre outros pontos, nossa atenção aqui está focada na tristeza, na perda, no pesar e novo crescimento como resíduos da dinâmica entre pai ausente e filho. Embora não seja necessariamente específica do gênero, essa exploração acentua a presença e a ausência da figura paterna, afetando o alcance da presença masculina interior.

Vemos o pai ausente nos complexos, arquétipos e símbolos inconscientes do pai em nossa vida e em nossos sonhos. As narrações pessoais aqui ilustram as emoções sombrias, a sombra dos sentimentos não abordados e das necessidades psicológicas. Não podemos recuar a uma postura de evitação, mas devemos desafiar as velhas estruturas para saber como chegamos aqui e aonde vamos a partir dos momentos de colapso. Isso "constitui uma desilusão prematura e... traz consigo, além da perda do amor, a perda de sentido; não houve explicação para elaborar o que aconteceu" (Kohon, 1999, p. 150). Enfrentar as lacunas e os abismos está no cerne do trabalho analítico. A análise traz dissolução e desvinculação de padrões aprisionadores. O foco na sombra, nos elementos ignorados e não ditos ilumina não apenas os sintomas e problemas, mas também o tratamento e a renovação. Portanto, a partir da ausência e da falta, lamentando-as e reconhecendo-as, podemos conquistar aportes para reconhecer as questões necessárias e, assim, promover transformação.

Existem espaços em branco emocionalmente complexos e internamente amortecidos pela ausência da figura paterna na vida psicológica e física. Afinal, ele está presente tanto como objeto externo quanto interno (Samuels, 1989, p. 66). Quando um pai não consegue ver, respeitar ou estar com seu filho, os fios da personalidade se rompem e fica um buraco no coração. Os efeitos são comoventes e precisam ser examinados. As tristezas e perdas são inevitáveis, sua dor convincente. O desamparo, a idealização, as necessidades não atendidas, a saudade e o desejo abrem a questão se, quando e como sua ausência poderá ser preenchida.

A explicação dessas dinâmicas e dos seus efeitos é fundamentada na esperança de que os pais e os seus filhos emerjam em relacionamentos mais conscientes e gratificantes. Em relação a isso, Jung (1969, p. 267) disse: "Somos confrontados, a cada novo estágio na diferenciação da consciência que a civilização atinge, com a tarefa de encontrar uma nova interpretação apropriada a este estágio, a fim de conectar a vida do passado que ainda existe em nós com a vida do presente, que ameaça escapar dele".

A própria presença da ausência implica um espaço a ser preenchido, a falta a ser atentada. É um apelo ao potencial que permite novos pensamentos e novas experiências (Kohon, 1999, p. 114-115). Uma mulher em terapia chamada Lee sonhou: "O pai é como Putin. Ele tem três filhas e uma é suicida. Ela está sob seu controle. Eu e outra irmã choramos, porque ela vai se matar e ele não se importa com isso. Ela é uma poetisa. O pai destrói o trabalho dela. Ela comeu vidro. Ele não vai mudar". Seu sonho personificava a experiência de um pai ausente, provocando um intenso efeito emocional. Ela traçou uma conexão entre o sonho e seu complexo paterno negativo e como seu corpo se acomodou e respondeu à sua energia intrusiva e controladora, criando uma forma defensiva de abordar muitas situações da vida. Ela experimentou a vida com náusea e pavor existencial; com necessidades, mas sem encontrar segurança. Essas feridas expressam o que é reprimido, a dor e a perda, os danos dos velhos padrões.

A ausência

A perda do pai deixa marcas no inconsciente. Lacunas que às vezes formam buracos psíquicos. De forma a mitigar essa perda, a criança torna-se guardiã do túmulo do pai ou, de certa forma, incorpora-o para preservá-lo e mantê-lo vivo. A criança fica "presa entre duas perdas: presença na morte ou ausência na vida" (Green, 1986, p. 164).

Jung comentou acerca de carências, sintomas, problemas geracionais e pessoais. "O pai é decisivo no destino do indivíduo" (Jung, 1971, p. 303). Essa citação se refere ao valor de uma figura paterna amorosa, expressiva e presente. Sua ausência é um problema que é, ou deveria ser, preocupante para nossos tempos, pois infelizmente não se trata de uma história incomum. Sem um pai, a criança pode crescer em um estado crepuscular, indiferenciada ou comprometida com um cabo de guerra interior entre querer viver e querer recuar. Pensamentos e comportamentos compulsivos e negativos matam desejos e sentimentos, trazendo dissociação de si e dos outros. Fica sujeita à autotraição, à negação de satisfazer necessidades, seu prazer torna-se distorcido e as obsessões assumem o controle. A pessoa torna-se desencarnada. O problema é marcado pela ênfase insistente e muitas vezes frenética da persona e do ego.

Desde a infância, desenvolvemos narrativas contínuas e complexas moldadas por palavras, linguagem corporal, emoções, imagens, rituais e interações que articulam a nossa vida. Dispor de poucas oportunidades para boas experiências entre pai e filho deixa um legado de não envolvimento e distanciamento pessoal. A ação torna-se inibida, o desenvolvimento emocional é interrompido e a idade adulta é forjada, em vez de concretizada. Sem conexão emocional suficiente, o apego torna-se difícil e inibe a satisfação nos relacionamentos, de modo que o amor se dá enquanto dificuldade, mas não enquanto prazer. A identificação ou a ignorância do efeito do pai ausente pode trazer apego melancólico a uma ausência internalizada. Desesperada e isolada, a pessoa amortece-se para seguir em frente, mas não vive plenamente, sempre em busca do que lhe falta. O anseio por envolvimento pessoal e compreensão empática dá significado à importância do relacionamento paterno.

"O principal contexto em que se vivencia a traição é a família, pois é lá que se sela o primeiro pacto de amor, pacto que ameaça e ao mesmo tempo possibilita o nascimento psicológico individual" (Carotenuto, 2015, p. 43). O efeito de permanecer preso em um complexo de ausência e carência esgota a energia, a pessoa e a cultura. Até se pode obscurecer vulnerabilidades aterrorizantes o suficiente para deixá-las fora da visão imediata, mas sua lacuna continuará a sangrar. A ausência pode deixar um sentido de inadequação para a autoimagem, fazendo com que raiva e depressão se voltem contra o próprio sujeito.

A necessidade do olhar do pai

Jean-Paul Sartre, filósofo francês, em 1943, durante a 2ª Guerra Mundial, escreveu: "Agora existo como eu mesmo para minha consciência irreflexiva. É esta irrupção do eu que tem sido descrita com mais frequência: sou eu mesmo porque alguém me vê" (Sartre, 1943, p. 260).

Viemos a este mundo prontos para um pai, para querer seu reconhecimento, para estar com ele. Precisamos inatamente de uma figura paterna nutridora e carinhosa, pois isso reflete um padrão simbólico no indivíduo e no coletivo, no consciente e no inconsciente. O arquétipo do pai é percebido por meio de uma variedade de símbolos e imagens internalizados da religião, literatura, mitos e contos de fadas que refletem cada época e cultura. Esses se apresentam espontaneamente em sonhos, imaginação e relacionamentos. Cada um contém as origens e os ancestrais, os potenciais e os paradoxos que aparecem em nossa psique coletiva e pessoal. Refletem a norma que tem sido vigente, e os impasses psicológicos decorrentes da ausência do pai. Por um lado, o pai abrange as imagens arquetípicas de cuidado e segurança; por outro, devoração, possessividade e privação.

Sabemos que o eu se constitui em relação ao outro. Esse padrão arquetípico, relacional, próprio do desenvolvimento do sujeito, supõe uma figura paterna. Envolve experimentar o pai como um objeto de amor com proximidade, apoio e valorização. Quando o pai está ausente, o que ele pode dar ao filho? Ele definha em seus próprios fracassos, perdas e depressão e não tem espaço para a vida do filho. A vida da criança e a relação do pai com a criança viva foram negadas (Kohon, 1999, p. 184) pela sua dissociação aos afetos, à medida que sua vida interior é morta (Kohon, 1999, p. 100). Essa ausência emocional é internalizada para a criança como um vazio, um abismo sem base sólida e o eu fora de sintonia com o resto da personalidade. "O trauma [paterno] atua como uma força desorganizadora que transforma o pai em um adulto imprevisível, que não consegue pensar e sentir e não tem capacidade de sustentação e empatia" (Cavalli, 2021, p. 601). Não se pode desenvolver apego a ele, o que gera ansiedade, baixa autoestima e necessidade de negação e encobrimento. A perpetuação do ilusório.

As consequências podem ser prejudiciais ao autocuidado, promovendo incapacidade de se voltar para dentro, de encontrar a paz, de modular lutos. Há uma exclusão da relação objetal alimentada pela convicção de que estar aberto ao outro é arriscar aniquilação psicológica (Solomon, 2002, p. 228). Perda e morte. Tudo isso começa com a morte psíquica secreta na infância, quando a criança começa a desistir. O espírito sobrecarregado quando não é amado e seus desejos cortados, rejeitados, não só pelo pai, mas também por si próprio. Uma parte verdadeira e vital se perde. Falharam os sentimentos de afirmação ou capacidade de crescimento e enraizamento no sistema básico.

A presença da sua ausência é e tem sido profunda ao longo das eras. O problema atinge profundezas intrapsíquicas e raízes arquetípicas — das questões do eu às da cultura. A relação paterna permanece um território obscuro apoiado por preconceitos culturais, complexos e vieses patriarcais, que trabalham para manter os pais intocados, como se não fossem essenciais para a vida dos seus filhos. Até recentemente, um véu de silêncio cercava o relacionamento paterno, perpetuando a negação dos problemas. Sua ausência é dominante. Lee disse: "O silêncio foi tácito e persistente. Permaneço sem saber como reagir ou o que sentir por ele além da infância. Ele era uma parte de mim que faltava, sem consciência de qualquer presença. Cresci baseada em histórias fantasiosas e vozes discordantes, sem saber em que acreditar".

Um pai ferido em sua emotividade tem Eros prejudicado e ele não apoia, nem transmite conhecimentos sobre a vida, não deixando escolha ao filho senão a de prematuramente defender-se sozinho. Alguns conseguem integrar essa perda e outros são destruídos. Existem "repercussões psíquicas de uma criança tentando animar um pai deprimido, desolado ou ausente. Essa ressuscitação torna-se a tarefa da vida" (Kohon, 1999, p. 113). A criança leva uma existência sombria, sugada, dando à figura paterna contínuas transfusões de sangue emocional para que talvez ganhe vida e esteja presente. As manobras destinadas a manter um vínculo com o pai emocionalmente esgotado tornam-se uma espécie de guerra contra o eu, o corpo, os afetos e funcionam como um baluarte contra o crescimento.

Atitudes geracionais de negação e falta do pai castraram os homens, o que explica seu desenvolvimento emocional carente e deficiente. Inúmeras gerações de pais não tiveram tempo, nem responsabilidade para participar na vida familiar e sua relação emocional ficou submersa no inconsciente. Na verdade, um pai exerce tanta influência na família e na cultura que o filho não questionava a qualidade da sua presença ou ausência. Muitos teóricos psicanalíticos não conseguiram reconhecer sua própria sombra pessoal ou a sombra dos seus pais. O próprio Jung escreveu apenas um ensaio sobre o pai e teve cinco filhos.

A ausência psicológica e emocional pode trazer a alienação do corpo por meio de diversas reações físicas, apontando para um sistema interno cindido. Na literatura psicológica, a ligação entre o corpo e ausência do pai raramente é mencionada, mas dela muitas vezes resultam angústia e vergonha. O corpo parece estar em pedaços, e há uma sensação de estar cortado e separado, apartado. A pessoa desenvolve várias formas de auto traição, ausência de pensamento ou criatividade e é incapaz de acessar o espaço interior para pensar, fantasiar ou encontrar significado. Vivendo à sombra da ausência do pai sem muito prazer ou gozo, pode-se ficar chocado com a vida, sentindo-se incapaz de negociar suas vicissitudes.

Um sentimento subjacente de inadequação surge quando a criança não consegue salvar, proteger ou mudar o pai. Ao assumir mágoas e/ou traições, o filho encontra a perda no espelho vazio de um pai ausente. Adota-se uma fachada de confiança para o pai, que pode voltar para casa incapaz de lidar ou reconhecer as necessidades e os desejos da criança ou sua responsabilidade na perpetuação das feridas. Paradoxalmente, quanto mais ausente o pai, menos o filho consegue suportar sua separação. Alguém pode permanecer jovem e imaturo, identificado com o masculino e escravo dele, desejando ser o mais especial à luz de seus olhos. Os anseios infantis de acreditar que o pai é bom e a necessidade de defendê-lo são apegados e disfarçam a dor de sua falta de atenção, presença ou capacidade de expressar amor ou carinho.

O pai é como uma brisa em uma casa vazia, evanescido, uma sombra. Vislumbres seus estão aparentemente lá, mas não de todo. A perda crônica do pai costuma ser acompanhada de ansiedade e depressão, deixando a pessoa sem solidez ou individualidade. Quando um pai está emocionalmente indisponível, as primeiras experiências de amor vêm acompanhadas de privações. Essa pessoa experimenta baixa autoestima, hesitação no mundo, muitas vezes evitando intimidade. Ou um pai distante internalizado conduz a um mundo interior hostil de raiva, entorpecimento ou reações maníacas que obstruem a inspiração e impedem a autointegração. Ou a primeira infância caracterizada pela ausência do pai pode fazer com que a criança acredite que o papel masculino e/ou paterno não é importante e não é confiável. Talvez ele se torne semelhante a Deus, um herói intocável e, portanto, distante e inacessível, maior que a vida. Sua ausência foi repleta de desejos, sonhos, fantasias e ilusões. Uma criança passa por uma fase natural de idealização de um pai. Mas, se ele permanecer ideal, haverá um sentido distorcido da sua realidade e isso pode deixar a pessoa desamparada, submissa e masoquista.

A autoafirmação é cortada e se sentir parte do momento presente se torna uma provação emocional. Desenvolvem-se clivagens psicológicas internas, impedindo o acesso a um eu amoroso e reparador, e um eu assustado assume o controle. A personalidade moldada pelo pai ausente protege-se criando um mundo cuidadosamente orquestrado e inventado para se defender contra as ameaças externas previstas à precariedade interior. Os sonhos que revelam esse estado flutuam no espaço sideral, sem amarras, sem nada para se agarrar e sem ninguém saber que alguém está lá.

Marcada

> *Partindo da ideia de que o eu não nos é dado, penso que só existe uma consequência prática: devemos criar a nós mesmos como uma obra de arte.*
> *(Foucault, 1997, p. 262).*

A paternidade tem a ver com relações, eventos, sentimentos e experiências do passado e do futuro. A figura paterna influencia as imagens que a criança tem dela e de si mesma. Essa é a questão: é importante enfatizar o valor da boa figura paterna e refletir sobre o que acontece quando ela não está presente. A vida não vivida transmitida à criança é enfrentada na terapia, rastreando o mundo imaginal, criando diferentes símbolos do pai, à medida que energia criativa é liberada.

Voltando ao exemplo de Lee, ela não quis admitir a distância e a falta de atenção do pai, resumindo seus sentimentos ao afirmar: "Eu só queria ignorar a angústia e me sentir mais forte para superar sozinha. Minha dormência era orgânica e inofensiva para os outros. Esperei muito. Seria tarde demais para que a ajuda realmente cause um impacto em mim ou no mundo?". Ela sonhou que estava caindo na esteira; seu pai estava lá, mas não tentou pegá-la. Ela sangrava, olhou para cima e viu os sapatos de seu pai. Ela nunca esperou sua ajuda e ficou surpresa com qualquer sugestão dessa possibilidade. Ela aceitou que ele a olhasse de cima, impassível e desapaixonadamente. Tal pai, sem capacidade de se relacionar com a mente e as emoções da criança, tem um impacto comportamental e emocional direto (Knox, 2010, p. 132).

Nas sessões de terapia, Lee explicou que se relacionava com as pessoas com base na necessidade de agradar e não tolerava cometer erros ou receber desaprovação. Tendo pouca orientação quando criança e temendo o pai, ainda que ele raramente estivesse em casa, Lee aprendeu a ser alguém através da internet. Ela não contou a ninguém sobre a falta de um pai. Quem gostaria de ouvir sobre suas tristezas, saudades das interações, das brincadeiras e do amor com um pai? Sua ausência a deixou deprimida e tomada por um desespero secreto.

Lee permaneceu vagamente consciente de um espaço em que ela vivia dentro de si mesma, mascarando seus sentimentos de perda e carência paterna. Uma ausência escondida da visão dos outros. Ela determinou desde jovem que ninguém deveria saber sobre esse lugar. Ela experimentou uma forma de isolamento de si mesma, entorpecida pelas sensações corporais e separada do imediatismo das experiências, deixando-a desprovida de espontaneidade ou vivacidade. Agora ela estava com companheiro e tinha um filho pequeno, mas a fachada estava rachando com a pressão de envelhecer, ver seu corpo mudar e pensar em retomar sua carreira.

Ela trouxe para a terapia um sonho que se repetiu ao longo de 15 anos, no qual seu pai colocava a mão em sua coxa com tanta força que queimava sua carne até os ossos. Marcada, ela não conseguiu resistir à força de sua mão. Mais tarde, ela pensou em preencher o ferimento com concreto. Como essa ferida poderia curar? O concreto tornaria sua carne inflexível, pesada e não humana. A marca causou nela uma ferida paterna, impressa nela para o resto da vida. Embora emocionalmente ausente, a influência de seu pai foi pesada. Sua pele não conseguia respirar no concreto. No entanto, essa sonhadora não registrou qualquer horror face à imagem macabra do sonho, nem raiva, nem resistência ao pai, mas a aceitou passivamente como seu destino.

Lee disse que estava entorpecida por tanto estresse. Ela referia-se aos estressores atuais ou antigos? Ela não sabia quando eles se confundiram. Muitas vezes, ela ficava em silêncio na terapia, sem entender como expressar ou formular o que sentia. Bloqueada por dentro, ela evitou o conflito, evitou o que chamava de sobrecarregar os outros, não pedindo ou não conseguindo o que precisava. Ela permanecia passiva. Não tomou muitas decisões e achou mais seguro apenas desistir. A todo custo, ela mascarou suas respostas emocionais.

O sonho de Lee era pessoal, a afirmação de uma opressão relatada sem demonstrações de emoção. Também poderia ser tomado como um retrato impessoal relevante para situações coletivas e culturais de ausência, carência e opressão paterna. O pai do sonho era proibitivo, gigantesco, impessoal e forçava sua marca nela sem possibilidade de oferecer-lhe resistência. No entanto, o mundo imaginal, o mundo dos sonhos, também carrega marcos que abrem as feridas, refletindo mensagens do inconsciente, inaugurando caminho para a autodescoberta. O sonho transmitiu a Lee uma mensagem forte sobre o que foi suprimido e recordou-a de tomar consciência da marca prejudicial da ausência emocional do pai. Ela começou a aceitar a perda, que foi sendo internamente recriada. Ela necessita de ajuda para encontrar o significado do que antes parecia uma catástrofe incompreensível e duradoura, a qual poderia alterar e emergir de suas reflexões pessoais e coletivas sobre a ausência paterna, explorando a psique e trazendo renovação.

Lee representa o que está referido no *Livro Chinês da Sabedoria*, o *I Ching*, como o hexagrama nº 18, chamado "Corrupção" ou "Trabalho no que foi estragado, Decadência". Ao longo do hexagrama, quatro vezes as linhas repetem a frase "arrumar o que foi estragado pelo pai" (p. 77). Dizia: "O que foi estragado pela culpa do homem pode ser novamente recuperado através do trabalho do homem... Não devemos recuar diante [do] trabalho e do perigo... [No entanto] é necessário ser cauteloso [...] para que se possa evitar uma recaída" (p. 77-78). Isso implica enfrentar a realidade dos problemas, mexer na decadência, compreender os efeitos deletérios do pai ausente e aceitar ajuda para tal empreitada. O hexagrama exige que a consciência se envolva com os padrões negativos, limitantes e modestos desenvolvidos sem a boa presença de uma figura paterna. Só então a decadência se transforma e com perseverança cria-se a novidade.

Na terapia analítica junguiana, Lee embarcava no processo meticuloso, porém gratificante, de moldar uma imagem paterna interior familiar, prestativa e gentil. As feridas psicológicas e físicas foram abordadas por meio da atenção ao inconsciente, trazendo suas reações para a vida consciente. Ela surpreendia-se continuamente com as mensagens oníricas, pois elas a ajudavam a compor imagens de um pai interior diferente, que a apoiava, orientava e acreditava nela. Ela gradualmente desenvolveu sua natureza artística, à medida que a psique respondia, restaurando um mundo interior de riqueza e representação que sustentava a vida. Embora o verdadeiro pai permanecesse ausente e emocionalmente ausente, sua presença foi sendo preenchida pela própria Lee. Adam Philips, psicanalista freudiano britânico, disse: "Não pode haver representação sem paixão... A paixão implica circulação e troca [interna]" (Philips, 1999, p. 166).

Síntese

Jung declarou:

> Se você contemplar sua falta de fantasia, de inspiração e de vitalidade interior, que você sente como pura estagnação e um deserto árido, e impregná-la com o interesse nascido do alarme diante de sua morte interior, então algo pode tomar forma em você, pois o seu vazio interior esconde uma plenitude igualmente grande, se você permitir que ele penetre em você (Jung, 1970, p. 190).

O padrão do pai ausente deve ser preenchido com conteúdos psíquicos que surgem do inconsciente para a vida consciente. O processo leva à consciência e à liberação de fixações e complexos irracionais. Quando examinadas, as feridas abrem-se à autodescoberta, proporcionando movimento para sair de antigas posições arraigadas, pessoal, psicológica e culturalmente. Liberar significa optar pela voz e não pelo silêncio.

Passamos do desespero e do vazio para o questionamento e a curiosidade. Uma citação da filósofa francesa Simone de Beauvoir, de meados do século XX, dá esperança para fomentar novas representações a partir da ausência do pai. Acessando a imaginação, desenvolvendo uma imagem paterna diferente dentro de si, ela disse: "Vi se abrir diante de mim um campo de atividade claramente marcado, com todos os seus problemas, seu trabalho árduo, seus materiais, seus instrumentos e sua inflexibilidade. Eu não mais perguntei-me: o que devo fazer? Havia tudo a ser feito, tudo o que antes desejava fazer... mas tudo era possível" (Beauvoir, [1958] 2016, p. 365).

Você já achou estranho ser você mesmo?
(Clarice Lispector – Um Sopro de Vida)

REFERÊNCIAS

ADIV-GINACH, M. Analysis of a Narcissistic Wound: Andre Green's The Dead Mother. *Modern Psychoanalysis*, New York, v. 31, n. 1, p. 45-57, 2006.

BEAUVOIR, S. [1958]. *Memoirs of a Dutiful Daughter*. New York: Harper Perennial, 2016.

BUTLER, J. *Subjects of Desire*: Hegelian Reflections in Twentieth Century France. New York: Columbia University Press, 1987.

CAROTENUTO, A. *To Love, To Betray*. Chicago: Chiron, 2015.

GREEN, A. *On Private Madness*. Madison, CT: International Universities Press, 1986.

JUNG, C. G. *The Symbols of Transformation*. New York: Pantheon Books, 1967.

JUNG, C. G. [1964]. *Civilization in Transition*. New York: Pantheon Books, 1970a.

JUNG, C. G. *Mysterium Conjunctionis*. New York: Pantheon Books, 1970b.

JUNG, C. G. *Psychological Types*. New York: Pantheon Books, 1971.

JUNG, C. G. *The Archetypes and the Collective Unconscious*. New York: Pantheon Books, 1990.

KNOX, J. Self-Agency in Psychotherapy: Attachment, Autonomy, and Intimacy. New York: Norton, 2010.

KOHON, G. (ed.). *The Dead Mother, The Work of Andre Green*. London: Routledge, 1999.

SAMUELS, A. *The Plural Psyche*: Personality, Morality and the Father. London: Routledge, 1989.

SARTRE, J. P. *Being and Nothingness*. Trans. Hazel E. Barnes. New York: Washington Square Press, 1984.

SOLOMON, H. The self in transformation: the passage from a two to a three dimensional internal world. *Journal of Analytical Psychology*, 2002.

WILHELM, R. *I Ching: o livro das mutações*.

Sobre os autores

Candido Pinto Vallada

Pós-graduação em Administração Hospitalar e Sistemas de Saúde pela FGV/USP. Médico psiquiatra pela Unifesp – Escola Paulista de Medicina. Membro analista pela SBPA e da IAAP e membro fundador e ex-diretor da AJB e do Ijusp. Cofundador e ex-editor da *Self-Revista do IJUSP*. Cofundador e coordenador do Nere.
Orcid: 0000-0002-4663-3458

Carmen Livia Parise

Psicóloga clínica, analista pelo IJUSP, AJB e IAAP, diretora administrativa do IJUSP, cocoordenadora do Núcleo de Psicologia Arquetípica (Arqué) do IJUSP e do Departamento da Diversidade Sexual e Gênero da AJB. Membro do Departamento de Individuação, Política e Complexos Culturais da AJB e do Coletivo Aisthesis. Coorganizadora do livro *Reimaginando um lugar de escuta: a pluralidade da clínica contemporânea e os complexos culturais*.

Cristiane Adamo

Mestre em Psicologia Clínica pela Pontifícia Universidade Católica de São Paulo (PUC-SP). Membro do IJUSP, da AJB, da IAAP em Zurique, Suíça, do Departamento de Arte e Psicologia da AJB e da Equipe de Psicologia do Programa de Esquizofrenia (Proesq) da Universidade Federal de São Paulo (Unifesp). Analista. Atua há 30 anos, atendendo crianças, adolescentes e adultos. Realiza supervisões individuais e em grupos. Coordena grupos de estudo sobre o Feminino e temas da Psicologia. Coautora dos livros: *Mulheres na Psicologia – Poder de uma Mentoria* (v. 1, 2023), *Travessias no Tempo. Arte & Jung* (2022), *Mulheres na Psicologia – Poder de uma história* (v. 1, 2022) e *Tecnologia e Alma* (2020).
E-mail: cristiane.adamo@gmail.com
Orcid: 0009-0004-7339-1177

Daniela Kroggel Sá

Graduada em Psicologia. Psicoterapeuta e analista. Membro do IJUSP, AJB e IAAP.

Orcid: 0009-0009-5072-2355

Denis Canal Mendes

Mestre em Psicologia Clínica pela PUC-SP. Supervisor clínico. Analista da AJB e do IJUSP. Membro da IAAP, Zurich e do Departamento de Arte e Psicologia Analítica da AJB. Especialista em Saúde Mental (SES). Pesquisador do Núcleo Estudos Junguianos (NEJ) do Departamento de Psicologia Clínica da PUC-SP, onde pesquisou: *O Livro Vermelho de C. G. Jung no trabalho clínico do Analista Junguiano na América Latina*. Psicólogo (CRP06 54878-9). Acompanhante terapêutico. Professor nos cursos de Pós-graduação em Psicoterapia Junguiana (Unip) e Psicologia Analítica e Saúde Mental do Instituto Olhos da Alma Sã (Ioas). Coautor em livros e artigos no campo.

Orcid: 0000-0001-8031-244

Durval Luiz de Faria

Doutor em Psicologia Clínica pela PUC-SP. Analista junguiano. Membro do IJUSP, AJB, IAAP. Professor associado do Programa de Pós-Graduação em Psicologia Clínica da PUC-SP. Autor de *O pai possível – conflitos da paternidade contemporânea* (Educ-Fapesp, 2003) e *Imagens do pai e do masculino na clínica e na cultura* (Editora Appris, 2020) e organizador e autor de *Os sonhos na psicologia junguiana* (Paulus, 2014), *Masculino, Feminino e relacionamento amoroso* (Escuta, 2016) e *Criatividade, arte e psicologia junguiana* (Editora CRV, 2017). Palestrante e autor de artigos em periódicos nacionais e internacionais.

Orcid: 0000-0001-5599-7176

Inês Praxedes Longhi

Psicóloga graduada pela PUC-SP, com especialização em Psicologia Junguiana com Abordagem Corporal pelo Instituto Sedes Sapientiae. Analista junguiana pelo IJUSP/AJB/IAAP.

Irene Gaeta

Doutora em Psicologia Clínica pela PUC-SP. Psicóloga pela PUC-SP. Professora da PUC-SP no curso de Psicologia. Coordenadora da pós--graduação em Psicologia Junguiana e Arteterapia na Universidade Paulista. É analista junguiana, IJUSP/AJB, membro da International Association for Analytical Psychology - IAAP. Coordenadora do departamento de Arte e Psicologia Analítica da AJB. Autora de *Psicoterapia junguiana: novos caminhos na clínica*, Vetor, 2010; *Memória corporal: o simbolismo do corpo na trajetória da vida*, Vetor, 2017.
Orcid: 0000-0001-7539-5164

Márua Roseni Pacce

Licenciada em História e Psicologia. Psicóloga clínica com formação em Psicologia Analítica pelo Instituto Junguiano de São Paulo, coligado à AJB e à IAAP. É também professora de yoga com atuação na interface dessas duas abordagens. Fundou o Núcleo de Yoga Ganesha, em São Paulo.
Orcid: 0009-0008-9331-3394

Paula Perrone

Pós-doutorado em Psicologia pela UFSJ. Doutora e mestre pelo Instituto de Psicologia da USP. Analista junguiana membro do IJUSP, AJB e IAAP. Membro do Caminhos Junguianos: Laboratório de Pesquisa em Psicologia Analítica. Fundadora do Instituto de Psicologia Analítica da Bahia. Professora de cursos de pós-graduação de Psicologia. Autora de *Existências fascinadas: história de vida e individuação*, Annablume/FAPESP, 2003, organizadora e coautora de *Ideias e afetos: a clínica dos complexos*, Sattva, 2018. Autora de artigos.

Orcid: 0000-002-4071-621

Sandra Souza

Especialista em gestão pela Fundação Dom Cabral (FDC). Psicóloga clínica e organizacional, psicopedagoga, analista junguiana em formação pelo IJUSP. Desenvolve projetos em orientação e transição de carreira, gestão de pessoas e cultura organizacional.

Orcid: 0009-0005-6192-5685

Paola Vergueiro

Doutora em Psicologia Clínica (Núcleo de Estudos Junguianos da PUC-SP), mestre em Distúrbios do Desenvolvimento (Mackenzie) e especialista na abordagem junguiana (Cogeae), arteterapeuta (Famosp). Psicóloga pela PUC-SP. É analista formada pelo Instituto Junguiano de São Paulo, associado à Associação Junguiana do Brasil e à *International Association for Analytical Psychology*. Coordena grupos de sonhos e de supervisão clínica. Leciona em pós-graduações, orienta trabalhos acadêmicos e desenvolve pesquisas que se dedicam à interface entre psicologia analítica, ciência e cultura na pós-modernidade.

Orcid: 0000-0001-6720-8736

Raul Alves Barreto Lima

Doutor e mestre em Psicologia Clínica (PUC-SP). Psicólogo. Professor no curso de Psicologia da Universidade Presbiteriana Mackenzie (Centro de Ciências Biológicas e da Saúde). Coordenador do Grupo de Apoio às Masculinidades para Estudantes de Psicologia (GAMEPsi) e do Laboratório Imaginando Outras Realidades (Lior) da Universidade Presbiteriana Mackenzie.

Orcid: 0000-0002-3605-0777

Renata Whitaker

Especialista em Cinesiologia – Integração Fisiopsíquica com base na Psicologia Junguiana, pelo Instituto Sedes Sapientiae. Presidente do Instituto Junguiano de São Paulo (IJUSP) (2022-2024). Membro da AJB e membro da IAAP. Membro didata pela *International Society for Sandplay Therapy* (ISST, Zurique). Membro fundadora do Instituto Brasileiro de Terapia Sandplay. Coordenadora do Departamento Infantil e do Adolescente da AJB.

Orcid: 0009-0001-6886-6922

Susan Schwartz

Nascida nos EUA, é PhD. Formada em Zurique como analista junguiana, é psicóloga clínica e membro da IAAP. Apresenta-se em conferências junguianas e programas de ensino nos EUA e no mundo. Autora de artigos de psicologia analítica em livros e revistas. Autora do livro *O efeito da ausência do pai nas filhas: desejo paterno, ferida paterna,* o qual foi traduzido para diversos idiomas, e de *A síndrome do impostor e a personalidade "como se" na psicologia analítica: a fragilidade do Self.* Atende em Paradise Valley, Arizona.